DuiMian
FengJing
Ru XinLai

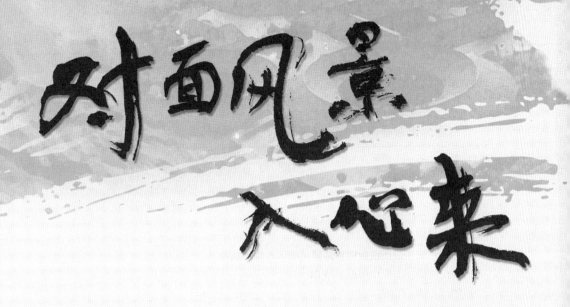

文旅作家踏歌行

对面风景入心来

王晋军 著

山西出版传媒集团
山西人民出版社

图书在版编目（CIP）数据

对面风景入心来：文旅作家踏歌行／王晋军著．
—太原：山西人民出版社，2021.5
ISBN 978-7-203-11784-1

Ⅰ．①对⋯ Ⅱ．①王⋯ Ⅲ．①散文集－中国－当代
Ⅳ．①I267

中国版本图书馆 CIP 数据核字（2021）第 075066 号

对面风景入心来：文旅作家踏歌行

著　　者：王晋军
责任编辑：傅晓红
复　　审：冯　昭
终　　审：梁晋华
装帧设计：陈　婷
出 版 者：山西出版传媒集团·山西人民出版社
地　　址：太原市建设南路 21 号
邮　　编：030012
发行营销：0351-4922220　4955996　4956039　4922127（传真）
天猫官网：https：//sxrmcbs.tmall.com　电话：0351-4922159
E－mail：sxskcb@163.com　发行部
　　　　　sxskcb@126.com　总编室
网　　址：www.sxskcb.com

经 销 者：山西出版传媒集团·山西人民出版社
承 印 厂：山西出版传媒集团·山西人民印刷有限责任公司

开　　本：720mm×1020mm　　1/16
印　　张：13.5
字　　数：180 千字
印　　数：1—1500 册
版　　次：2021 年 5 月　第 1 版
印　　次：2021 年 5 月　第 1 次印刷
书　　号：ISBN 978-7-203-11784-1
定　　价：48.00 元

如有印装质量问题请与本社联系调换

目 录
MULU

不得不说的山西古戏台

　　我从在军队当军事记者转到地方当文化记者后，可以说就与山西古戏台扯上了"缘分"。记得是那年腊月，在山西采访戏曲文化工作的我，跟着省文化厅曲厅长下乡到晋中榆次、祁县一带观摩山西梆子剧团演出，第一次见识到了乡村庙宇里的古戏台。戏台与戏剧的关系，无须深奥理论的演绎推论，在这里就最形象最简明扼要地解释清楚了。这次采访真算是跟对了人，我从曲厅长这儿学到了很多山西地方戏曲与古戏台知识，以及有关它们的来世今生与奇闻轶事。"数尺地五湖四海，几更天七朝八代"。可以说，山西古戏台折射的是一部中华文化的戏曲史、发展史。曲厅长沉浸陶醉于戏曲艺术，看戏、谈戏、写戏、评戏，对戏曲艺术的那份执念和痴爱，让我感受至深，敬畏之情油然而生。由于曲厅长对推动繁荣山西梆子的特殊贡献，他又被人们亲切地称为"梆子厅长"。

　　山西有着悠久的历史文化传统，是一个富有文化特色的地域。山西南部长期处于黄河流域中原文化圈之中心，尧、舜、禹时期为华夏政治心脏，因而这里的文化长期居于领先地位。山西的地方戏多达50余种，保存至今的剧目也有4000多部。戏台舞台也多，很多古戏台因为山高路远，躲过了战火，幸存下来，在乡村僻野保留了些许古韵遗音。据文物界权威专家告诉我，山西现存元代以前的木结构建筑占全国70%以上，戏曲文物（古戏台）占全国80%左右，这些特点，对于人们了解、认识中华民族悠久的历史文化，具有非常特殊的价值和意义。

"演千秋史事尽是悲欢离合，看满台角色无非善恶忠奸"。由于工作性质和采访任务，我在山西考察过几个古戏台，并做过一些现场采访笔记。高平的沟村有一座空心戏台，戏台神庙相对而视，与东西厢房围成一处大院，大院地处全村的心脏地带，是南来北往的交通枢纽，戏台处于往来行人车马的必经之路，于是凿开一条通道，方便平时的过往行人，每逢唱戏时，便在台上横着搭起木板，既能过人又可以唱戏，这种空心活动戏台，在北方寺庙中十分罕见，匠心所在，让人叹服！万荣庙前村建有3座互为联络的"品"字形戏台，前面的戏台与庙的山门浑然一体，

山西古戏台上，"六七步九州四海，三五人万马千军"。

平时是山门过道，演戏时在榫洞里插上木杠搭上台板，立刻就成为戏台。在它前面又有两座戏台并排而立，顶部相连下有通道，与前座戏台正好呈"品"字形布局。这3座戏台挺立在古老黄河岸边，面向直插青天的秋风楼，每逢庙会3个戏班同时唱戏，热烈的喝彩声与黄河滚滚的波涛声连同3座戏台上一同敲打的鼓乐声，雄浑奔放，高亢激越，组合成一种声势浩大且气势磅礴的恢宏交响乐。

山西保存的金、元、明、清时代的戏台计有3000多座，其中高平市王报村二郎神庙内的一座金代戏台，应该是目前中国现存时代最久远的戏台。《元史·太宗纪》《蒲州府志》记载，当时的晋南村村有庙宇，有庙有戏台。山西的戏台建筑是随着戏剧艺术的繁荣普及而遍布崛起的，其形式也由四面观看而向一面观看转化。早期戏台是简单的土台，观众可以从四面观看；随后逐渐演变为从三面观看，即在戏台的后部砌一面墙，两端的立柱处稍折向前方，使观看的角度由四面集中为前方三面，从山西现存元代戏台来看，这种三面观看戏台在当时颇为时髦普遍。到明清两代，特别是清中叶之后，随着人口增加，经济繁荣，戏曲文化发展，戏台也变得规模宏大、结构复杂起来，其基本式样也大致与现代戏台相似，都是一面观看的戏台了。

戏曲迷人，还须你懂；戏台精巧，还须你宠。站在千年古戏台前，不能不惊叹古人智慧，不能不追忆昨日辉煌。山西有个并不夸张的说法：有多少村庄就有多少戏台。无论是晋北高原晋南盆地，还是沁河两岸汾水之畔乃至太行、吕梁、中条山的山坳沟峁里，只要有村落就会有不同时期、不同形制的古戏台。山西古戏台主要遗存于庙宇之中，因此庙宇剧场是山西更是中国古代剧场中绵延不绝、范围最广、数量最多的"戏台"。正如当年梁思成、林徽因描述所说"山西中部南部我们所见的庙宇多附属戏楼"。勾栏瓦舍，戏楼会馆，古戏台被定格在历史的风景线上，见证着中国戏曲历史的发展轨迹和曾经的辉煌。这些古戏台不仅是民族古建的珍贵范本，同时也是中国传统文化坚实而华丽的承载者，犹如散落在角落里的多棱镜，折射出传统戏曲的风貌，梨园春秋的盛景和那个时代先人们的喜怒哀乐。每逢年节假日，当锣鼓琴弦响起，台上台下依然演绎着人们耳熟能详的悲喜人生。尽管这些古戏台大多已破败不堪，但它们的存在，对研究中国戏剧史、文化史、艺术史、建筑史有着极其重要的价值和意义，在今天应该尽最大能力花费最诚心血去保护好这些古戏台。

戏多戏台自然就多，离开戏台就唱不成戏。台上唱念做打写意传神，台下触景生情褒善贬恶，说到底这戏台子就是老百姓们离不开忘不掉的一座精神家园啊。古戏台林林总总星罗棋布，却总是与古寺庙相邻相伴，建庙不忘搭戏台，戏台紧跟随寺庙，颇有些耐人寻味之意蕴。既然唱戏是源于祭祀神灵，那么戏台自然就和庙宇沾亲带故，中华之大，各地风俗迥异，送戏敬神的办法也就不尽相同，戏台的建造也就由此而形成了不同的形式和风格。一般的戏台与庙宇同处一个寺院，山门、戏台、过殿和主殿在一条中轴线上纵向排开，一板一眼错落有致，因为是给神献戏，所以戏台都坐南朝北，台口恭而敬之地面向神殿，表示对神的敬仰，以求它降福人间，村村的戏台都按这个规矩搭建，形成一个模式。当然也有戏台建得与众不同的。我看到介休板峪村有一座戏台，戏台可三面唱戏三面观看，似乎有些打破常规，然而变来变去未离其宗，此戏台有它自己的讲究：戏台正东是一座进士庙，每年农历三月十五，朝东面唱戏，以祭祀进士爷，为的是避灾免祸；戏台正北面朝龙王庙，农历六月初八，向北唱戏，祭祀龙王爷，为了风调雨顺；戏台南面对着关帝庙，农历六月二十四向南唱戏，祭祀关老爷，为的是尽忠取义，盼的是天下太平。三神祭过才觉四季平安、心里踏实。戏台下掠过的都是老百姓的苦乐，也形象地反映出农耕经济状态下人们的真实文化心态。

历史悠久的山西古戏台，文化沉淀深厚，形制可圈可点。

　　山西古戏台历经宋、元、明三朝演进，风风雨雨，革故鼎新，有了自己的独特风格和完整式样，加之戏剧种类越来越多，工匠和手艺人运用奇思妙想，把戏台建造得多姿多彩、千形百态，恰好成为今天研究古典戏曲演出的活标本。戏台的形式主要有三种，一种是单状舞台，一种是双状舞台，另有一种是三状并联式舞台。双状式戏台前后相对独立，起源主要由于南北文化的融合与交流，南北两地因时代发展而来往增多，南来剧种在北方上演方言较重，北方人很难听懂，因而演员表演更多依靠眉目传情，动作表意，双状戏台在分离出后台的同时，也使前台凸现出来，变得宽敞亮丽，即使方言听不明白，动作和神情也可以一目了然。三状并联戏台是在单状戏台的基础上两边各加一个耳房而成的，使后台底盘进一步扩大。现存晋城贺坡村的五帝庙戏台是三个联体建筑高架于院门之上，又在东西两侧搭起二层绣楼，一楼是戏班下榻之处，二楼为观戏者看楼。

从中不难看出，明朝末年戏剧艺术兴旺，演出规模更加完备，扩充后台能有足够的地方安放戏装和道具，寺庙厢房成为演员公寓，神人和谐同处，不能不说是反封建礼教思潮下人们启蒙觉醒的一种流露和释放。

　　戏曲发展与古戏台建设相伴相生互为见证，元杂剧以海纳百川的气派使得日常市井生活的艺术形式得到空前普及，促使元曲与历来被视为"雅""正"的诗词文赋共同登上中国文学殿堂，矢志迎来中国戏曲演出史上的首个黄金期。元杂剧四大家关汉卿、白朴、马致远、郑光祖，除马之外，关、白、郑以及其他杂剧作家，如石君宝、狄君厚、刘唐卿、李寿卿、乔吉、孔文卿等都是山西籍文人。董解元的《西厢记诸宫调》更是乡土情怀异常浓烈，感人肺腑。建在蒲州旧城东边峨嵋塬上的普救寺庙中，与崔莺莺、张生相关的历史遗存随处可指，"让普天下有情人终成眷属"的爱情理念家喻户晓。关汉卿名列四大家之首，是元杂剧奠基人，他一生创作66部杂剧，是作品最多的元杂剧作家。他的《窦娥冤》《望江亭》《拜月亭》《单刀会》等至今仍活跃在中国戏曲舞台。白

戏曲表演："寻根尧祖，圆梦中华"。

朴创作的 16 种杂剧大多属于爱情剧，包括今已失传的《祝英台死嫁梁山伯》以及今存的《墙头马上》《梧桐雨》等。郑光祖创作的《倩女离魂》与关汉卿的《拜月亭》、白朴的《墙头马上》、王实甫的《西厢记》并称为元杂剧四大爱情戏。自此以后，戏曲之于山西从没有中断过发展传承。于是乎"表里山河"孕育出被称为梆子正腔的蒲州梆子、中路梆子、上党梆子和北路梆子，那些"梆子迷"们可以把时间浪费在自己喜欢的事情上，但不可以困在自己讨厌的生活方式里。

新的时代，心的节拍，古戏台焕发新生机，戏曲在弘扬中开拓更广阔舞台。据我采访到的实例，在新中国成立以来国家首次主动开展的区域性文物建筑全面整体维修保护的专项工程中，辐射到山西长治、晋城、运城、临汾等地从唐至清各个时期的 105 处国保单位，包括唐代建筑 2 座、五代建筑 2 座、宋代建筑 29 座、金代建筑 39 座和元代建筑 85 座，其中不乏古戏台。有的古戏台地处偏远山村，加之历史久远，自然风化损毁严重，经此次大规模修葺重新焕发了生机，从古戏台出发，从而开拓出更为广阔的表演舞台，延展出更加多元的表达空间。我更欣喜地看到，富有山西历史文化特色的戏曲走出国门，在全球 20 多个国家和 80 多个"一带一路"沿线城市和地区进行文化交流演出。这些底蕴厚重、多姿多彩的戏曲文化成为世界了解山西与中国的窗口暨推动文明互鉴的重要媒介。"六七步九州四海，三五人万马千军"，古戏台不仅仅是建筑形制，更是一方文化展台。古戏台历经千年风雨、百年沧桑，如今仍巍然屹立，可圈可点，其所承载的戏曲也必将在创造性转化创新性发展中讲好"中国故事"，演好"中国梦"。

大相国寺的佛音梵乐

　　早就听说中国非物质文化遗产——大相国寺梵乐，那叫一个"绝"！

　　2017年秋天，天赐良机，大相国寺举办梵乐学术研讨会邀请我参加，使我有幸来到开封大相国寺，开一届大相国寺梵乐学术研讨会，听一场大

中国传统佛乐在这里飞跃升华。

相国寺梵乐团的佛音梵乐音乐会。佛教音乐是佛教寺院在各种法事活动和节日庆典中使用的音乐。佛教传入中国后，来自印度与西域的佛教音乐在长期发展过程中因吸纳中国民间音乐的艺术因素而具有了独特的面貌，成为中国佛教文化的重要组成部分。其中既含有中国的民族音乐曲调，又含有印度和西域少数民族的音乐曲调。

走进著名历史文化名城八朝古都开封市中心的繁华地带，有一座闹市中的千年古寺即大相国寺，历史悠久，阅历辉煌，始建于北齐天保六年（555），是我国汉传佛教十大名寺之一，在中国佛教史上有着重要地位和广泛影响，在中国历史上更是开封这座古城变迁的重要坐标参照。大相国寺至北宋时期，达到空前鼎盛，辖64禅、律院，占地540亩，因受帝王崇奉，地位如日中天，成为我国历史上大名鼎鼎的皇家寺院。

如今大相国寺内建筑基本均为清代顺治十八年和乾隆三十一年重建，院落深广，殿宇恢宏，雄风犹存。内藏有镇寺之宝——千手千眼观音。这座不同于一般寺院的大相国寺故事甚多：曾经设置有飘香的烧猪坊，信陵君魏无忌公子故宅居于此地，大运河从门前流过，更有《史记》《西游记》《水浒传》《清明上河图》中众多名人轶事与之有着深厚渊源和亲密关系。大相国寺历史上，可谓高僧辈出、名师荟萃。唐代画家吴道子，著名文豪和思想家苏轼、王安石等都曾在该寺留有文风足迹。《水浒传》中大和尚鲁智深"倒拔垂杨柳"的故事更是家喻户晓，寺院里"相国霜钟"景观名列"汴京八景"之中，闻名遐迩，传扬天下。

我在研讨会上了解到，大相国寺梵乐历史悠久，源远流长。建寺已长达1500多年之久的大相国寺，有乐僧代代相传的《手抄秘籍乐谱》6册，共182首曲目传承至今。大相国寺梵乐起源于唐宋时期，其中融汇了宫廷音乐、寺庙音乐、民间音乐的精华部分。北宋时期，形成了以开封大相国寺为中心的中州佛教音乐体系，影响辐射及于整个中原地区。千百年来，大相国寺素以瑰玮的文化风采，在中国佛教史上占有卓越的地位和深远的影响，是中国最具文化象征意义的佛教寺院。尤其在佛教音乐的传承和弘扬方面，大相国寺更是独得正传，文化气象绝响天下。大相国寺一以贯之非常重视佛教音乐，注重培养专职乐僧，有着重视技巧训练和认真演奏乐曲的优良传统。作为皇家寺院，北宋时期梵乐达致鼎盛，每逢大型庆典均邀八方百人著名乐僧协同演奏，合奏规模宏大，演奏气势恢宏，堪称天下无双之盛景。

至唐天宝年间，大相国寺已出现完整乐队，并于高僧在法华经开讲之前，敬献佛乐谢佛恩以吸引听众。其时，许多重大活动和典礼都放在寺院举行，寺院为适应朝廷礼仪需要，无论是乐队还是所演奏佛乐，都必须更专业更规范，演奏技艺也必须更高超、入微和庄严。大相国寺重视音乐，培养专职乐僧，严格训练技巧和认真演奏乐曲的优良传统自然形成。由于朝廷的参与以及在财力、人力、物力方面的支持，大相国寺自北宋初期即组织起庞大的专业乐队，在寺

演出中的大相国寺佛音梵乐，声声入耳养心。

内专门修建了演奏七弦琴的佛乐专业"剧院"——维摩院，以及在大殿前修建的专供一般游人和香客欣赏佛乐的演奏广场——乐棚，正所谓万方乐奏，盛况空前。

大相国寺的梵乐表演是我国古代佛教文化宝库中一颗璀璨的明珠，但由于种种原因渐渐销匿。从1927年佛毁僧散乐谱流失，历经80年，遗落民间多年的大相

大相国寺僧人为南来北往的游客祈福。

国寺佛乐《手抄秘籍乐谱》，终于回到它的诞生地大相国寺。"秘谱"曾是该寺镇寺之宝，它散失于民间后成为大相国寺僧人的一大憾事。"秘谱"是古老工尺谱，有近百首乐曲。1954年，河南省戏曲研究所从民间音乐工作者手中搜集到此谱，并于1994年对乐谱全面整理后藏于艺术档案中心保管，2007年将此乐谱无偿归赠大相国寺，让千年古刹重拾佛乐盛事。近年来，大相国寺充分挖掘优秀传统文化，使久已失传的梵乐表演得以重现。而大相国寺梵乐团自2002年重新组建以来，多次赴国内外演出，受到广泛关注、热烈欢迎和极高评价，被誉为"全球第一佛乐"。2008年6月，"大相国寺梵乐"被评定为"国家级非物质文化遗产"。

梵乐起源于印度佛教音乐，当时佛教音乐称为"梵呗"，指佛教徒以短偈形式对诸佛菩萨德行的赞颂。在中国，梵呗起源于公元 3 世纪初的陈留王曹植，他所作的《鱼山梵呗》，为我国佛教梵呗的梵乐奠定了基础。自此，中国僧人纷纷采用中国民间乐曲来改造佛曲，创作了许多具有中国民族特色的中国佛教音乐，历史上称"中国梵乐"。作为皇家寺院的大相国寺，以荟萃天下文化精英的博大胸怀成为一方精神圣地。自寺院创建之始便有乐僧越仁大师、虚真大师在寺院演奏佛乐的记载。

大相国寺的音乐包括"梵呗"和"劝世曲"两种，演奏乐器包括法器和乐器，法器如振金铎、木鱼、钟鼓等；乐器用于单独演奏，也可诵经时伴奏。大相国寺仍保存着大量较完整的古乐谱，在传统音乐方面禀赋一种广泛的代表性，经发掘整理诠释 106 首梵乐，汲取了民乐和宫廷音乐精华，传承创新，结合现代乐器演奏技巧，让空静舒缓梵乐重现辉煌，具有鲜明的艺术性和强烈的感染力，突出体现了中国佛教以"世界和平，生命和谐"为主旨的文化价值。

真是一场身心洗礼之旅，研讨会开幕当晚，有幸在千年古刹大相国寺内聆听了一场特别的音乐会——"梵音·传承"佛乐盛会。此场音乐会将大相国寺传承千年的佛乐与中国传统音乐相结合，通过三个篇章（般若、华章、传承）表达了对祖国繁荣昌盛、人民幸福安康的美好祝愿。皎洁月光下，伴随着一首大相国寺佛乐《菩萨赞》，音乐会拉开帷幕，独有的乐器筹、鞉牢、答腊鼓等奏出了对佛恩的礼赞。

"音声为佛事，妙音遍法界。尽持以供养，皆已成佛道。"唐天宝年间，大相国寺高僧在法华经开讲之前，敬献佛乐谢佛恩，至唐大历年间，寺院开坛讲经以佛乐音声庄严净土，渡化众生。闻者启智明慧，身心安宁。东汉明帝永平十年，明帝遣使西行求法。天竺僧凡摄摩腾竺法兰尊者，从西域马载佛经随汉使来到洛阳，从此开启了中国佛教之路。《白马驮经》

表现了"白马西来，旷世姻缘，从兹震旦，佛日中天"的深远意境。《锁南枝》乃大相国寺根据北宋秘谱翻译过来的第一首曲子，这首源自千年的梵音，翻开璀璨光辉的皇家佛乐历史篇章，让观众们得以聆听这一曲来自北宋的遥远记忆，此曲是用于北宋皇家大型佛事庆典演奏的音乐。

在这一篇章中，名闻天下的皇家寺院大相国寺再现了千年前维摩院的气势恢宏、天下无双和乐棚以迎四海宾朋的鼎盛场景。《华严经疏》卷六云：佛境界有二，一，如如法性，是佛证境；二，十方国土，是佛化境。来自佛经文献有释："化境"指一种摆脱俗世纷扰、圆融和谐的境界。此曲以洞箫为引，描绘出出神入化的奇妙境界。《神人畅》是唐代以前仅两首记载下来以"畅"为题材的古琴曲之一，整曲仅用到一至五弦。此曲表达了昔日部落领袖尧祭祀之时弹琴，奇妙琴声感动上天，使天神降临，与人们欢乐歌舞、共庆盛典的情景。

筹独奏《报中台》，乃大相国寺梵乐千百年来一直有的那件乐器在乐僧中的传承，此版本为具有强烈中原音乐元素的大相国寺手抄秘谱，演奏气息饱满，音色明亮欢快，表达出僧人们传递喜庆的亢奋情绪。《朱云飞》是一首古老的乐曲。大相国寺初建时期就有这首曲子了。"朱"者，赤也，它是红、光明、太阳和佛光普照的象征。佛教要求僧众要有高尚的道德情操，外表朴素大方，衣服颜色素净，所以袈裟不用艳色，而用紫色，故名"福田紫衣"。而袈裟内层的颜色，可用大红、金边，它象征着太阳光芒和出家人高尚的品德，即"内外光明"之意，故此曲取名《朱云飞》。岁月流转、王朝兴替，作为皇家寺院的大相国寺，以荟萃天下文化精英的博大胸怀成为一方精神圣地，千年前的古乐重新化为庄重的乐声飘荡在人们耳边，再现古人音乐精髓，让空静舒缓的古乐重现辉煌，现代人聆听之，有种时空交错之感，使人静谧，使人怀想，在喧嚣中寻找心灵安详……

在近三个小时的演奏中，二十首梵音以大相国寺佛乐梵呗与传统古乐相结合，以笛箫传统器乐与现代乐相碰撞，利用法器、琴、瑟、水晶磬、编钟，乐舞、吟唱等多种节目形式，让我今晚尽情感受了淋漓尽致的佛乐梵音的洗礼！从上古尧帝祭祀的《神人畅》到汉代宫廷古典乐《汉宫秋月》，均重现了北宋皇家寺院维摩院的气势和乐棚的鼎盛场景。一曲京剧名段《梨花颂》，把观众带入美轮美奂的意境中。大相国寺佛乐《普庵咒》《相国霜钟》《朱云飞》，为晚会画上圆满句号，解读中国传统佛乐文化之乐典在这里得到飞跃升华。

一场震撼心灵的音乐盛宴，听之如同微风拂过心头，将大千世界烦恼一统而扫去，压在身上的重担在乐声荡漾下越变越轻，直至化为烟尘，悠然飘离，身体也陡然一轻，神经不再紧绷，人自然舒坦放松。佛乐不需要思考，只需静静地感受，就是最佳欣赏。佛教解脱的思想完美融入音乐中去，在佛教特有乐器伴奏下，千年前的古乐重新化为庄重乐声飘荡在人们耳边，再现古人音乐美律，现代人聆听之，让人有时空穿越之感。跨越千年谛听佛家先人心语，感受古人思想精髓，身心合一，物我两忘，胸襟豁然，神游情动，达到极高的人生和审美境界。

甘孜风采

　　有幸受邀担当评委，到素有"康巴文化发祥地"之称的四川省甘孜藏族自治州康定市，参加当地全民欢乐的"康定情歌节"，实现了心中早有的一个念想。甘孜州文化底蕴深厚、旅游资源富集，俗称康巴地区，是中国第二大藏区康巴的主体和腹心地带，是大香格里拉环线上的重要节点和支点，也是中国向世界推介的自然生态和康巴文化旅游目的地。

　　千百年来，生活在这里的先民们创造了灿烂多彩、底蕴深厚的康巴文化：包括情歌文化、格萨尔文化、香巴拉文化、红色文化、宗教文化以及其他民俗文化。这里是情歌的故乡，康巴文化发祥地、格萨尔王故里、香格里拉核心区、嘉绒文化中心、茶马古道主线、三江纵流峡谷、蜀山之王贡嘎山等都揽入在其胸怀之中，这里的舞蹈巴塘弦子、甘孜踢踏、石渠真达锅庄享誉中外，国内仅存的白玉戈巴父系文化、道孚扎巴走婚习俗等独特地域文化闪烁奇光异彩。甘孜州还是附国、东女、嘉良、白狼、牦牛羌等众多部落联盟繁衍生息的地方，也是吐蕃发展经营的地方。有浓郁的吐蕃文化、氐文化、党项文化、土著文化、纳西文化、蒙古文化、中原秦晋文化。此外红军长征途经甘孜州16个县，历经艰难坎坷、殊死搏杀，留下大量珍贵的红色革命文物。

　　当地人说：人生就像旅行，不在乎目的地，在乎的是沿途的风景，和看风景时的心情！

　　走进理塘，饱览圣洁甘孜奇特的炫美景色，河谷纵横，雪山巍峨，森林幽寂，草原静美，神秘悠远的色彩尽收眼底。穿越贡嘎，仿佛在亲密接触蓝色星球的最后一块净土，浓重墨团，靓丽色彩，飘逸线条，丰富肌理，炽热奔放的情感倾注心间。阳光、蓝天、白云、雪山、冰川、海子、河流、森林、草原、寺院、白塔、帐篷、牦牛、雪猪、血雉、秃鹫、乌鸦、灰狼、飞雪、山路、垭口、经幡、活佛、康巴人、藏民居、嘛呢堆、踢踏舞、藏传佛教……一路上的所见所闻，所拍风景，不时在我脑海的镜头中闪回，不禁感叹："大美甘孜州，让我领略藏地无尽风采！"

　　2020年一夜走红的康巴藏族少年丁真，就是出生、生活在甘孜。其时，摄影师准备拍摄丁真的弟弟，丁真意外入镜，洒脱的身姿和一脸纯真笑容被捕捉到，发到视频社交平台后，一夜暴红！成为"新晋顶流"！走红后的丁真成为甘孜州理塘县的旅游大使，为当地旅游摇旗呐喊，贡献力量。

甘孜州康定山峦上的民族村庄，这里有待人领略的无尽风采。

丁真为家乡拍摄的旅游宣传片《丁真的世界》正式上线后，火速席卷全网，甘孜和理塘成了海内外的"旅游网红打卡地"。

来到位于巴塘的措普沟自然生态保护区，这里地处横断山脉腹地，天遥地远，确是绝美的"川西秘境"，境内有一百多个奇姿异色的湖泊撒落人间。有川西高原最大的措拉湖，有深邃莫测的亚莫措根湖，最秀美的措普湖四面环山，紧靠峭壁嶙峋、山体裸露、山形奇特的扎金甲博神山，面对着海拔5833米的尼特岗日峰，周围被茂密的原始森林覆盖。湖边的森林里有很多珍禽异兽栖息，湖里成群的鱼儿自由穿梭，犹如世外桃源。走到插有许多嘛呢经幡的湖边，向湖里发出"呜、呜……"的喊声，随着这有节奏的声波，鳞光闪闪的鱼群会蜂拥而至争抢投下的食物。当你把手放入湛蓝的水中，便会有许多鱼赶来"亲吻"手指，这是人与大自然高度和谐的"明证"。沟内四季云雾袅绕，山巅河谷轻纱摇曳，青山依依溪水淙淙，苍翠欲滴的林海灌丛使人迷醉，点缀其间的杜鹃桃梅馥郁飘香。

在甘孜州藏区各地，凡千姿百态、神秘莫测的神山圣湖，几乎都有美妙动人的民间传说，措普湖又怎能例外？传说，扎金甲博峰顶两个直插云霄的峰尖，是下凡到人间游玩的仙人，看到人祥地和、湖光山色、斑斓绚丽的迷人景色，被深深地打动。于是畅意游玩，流连忘返，化作雄伟壮丽的山峰永留人间。措普湖与扎金甲博峰是这里最壮美、最神奇的山与湖，是藏民崇拜敬畏的神山圣湖。湖边，有座被林莽掩映的寺庙措普寺，气势恢宏，庄严古朴，是典型的藏式建筑，藏传佛教中"宁玛"派代表性寺院。寺内有僧尼众人，主持是法号为"白玛晋查主钦达娃微色"的根呷丁真活佛。进入寺庙大殿内，看到无论雕刻与壁画，皆工艺精湛，熠熠生辉。寺院四周飘起的经幡，随风向我示意。寺院里可体验藏僧生活，品尝不一样的酥油茶，领略寺庙舞蹈的独特和神秘。在此苦修的僧尼和周围环境长年和谐相处，引得盘羊、小鹿、松鼠、旱獭、雀鸟等野生动

措普寺是藏传佛教中"宁玛"派寺院。

物经常"大摇大摆"进到寺庙大院内嬉戏觅食。此情此景让我脑海里一下跳出这么一句话来:常怀善念,天必佑之。

当我在老阿爸指点下骑着马儿扬鞭奔驰,才得知措普沟牧民精湛的马术在康巴藏区独占鳌头,一直享有"藏族马术之乡"美称。相传起源于藏族英雄格萨尔时代一年一度的赛马会,于藏历六月在措普湖畔举办,节日期间除热闹的赛马活动外,还要进行祭山祭湖活动和锅庄舞竞赛。人们身着艳丽服饰,骑上肥壮骏马,带上丰盛食品,驮上帐篷卡垫,从四面八方汇集到绿草如茵、百花盛开的草地上,尽情享受大自然的恩赐和文化生活带来的浪漫与欢乐。

贡嘎山号称雪山之王,是横断山系的第一高峰,壮观无比。数一数吧,周围海拔6000米以上的山峰就有45座,主峰更耸立于群峰之巅,海拔7556米,被《中国国家地理》杂志评选为"中国最美的山"之一。主峰及其周围姊妹峰终年白雪皑皑,晴天金光闪闪,阴天云海茫茫,姿态神奇莫测,风云激荡变幻,可谓大自然奇观。这里不仅形成了壮美的雪山山脉景色,形成多样植被和自然生态环境,更是形成了一组独特的地理、气候、文化景观。贡嘎山景区囊括了10多个高原湖泊，著名的有木格措、巴旺海、五须海、仁宗海等。有的在冰川脚下，有的在森林环抱之中，湖水清澈透明，保持着原始风貌。我去木格措的路上，在蓝天白云与明媚阳光的映衬下，贡嘎雪山的风景迷人醉人，着实让我美美陶醉了一把！川藏线康定旅行当然不能错过木格措，在又名野人海的木格措看到蓝蓝的一片湖水，高原上吹来的风，把湖泊泛起细细涟漪，流光溢彩，水天一色。呼吸着这有浓烈"雪山味"的清新空气，风和云，花和海，我的相机镜头算是完全不够用了！留下这里的一切，其实它们早就存储在我的心中啦。木格措出海口右面山上的"卧虎观月"景观，真如一只卧虎望着上天，虎视眈眈地乜着犀牛峰。木格措的美存在于不同的季节，每个季节的美都会让人流连忘返，无比陶醉。

转山转水，只为遇见最美的风景。

在甘孜州旅行，得到了许多意想不到的风景鉴赏和行走体验。常说大道至简，品味到了"得"，那么天地的"舍"又在哪里呢？几天来康巴人对我说了若干次"江河之源在雪山"，我一直寻思琢磨着。在甘孜州，如果沿着一条小溪行走，有缘的话，抑或就会在一处森林、一片草原、一簇花丛中邂逅一个"海子"，她们是大江大河源流之一啊。多少光阴，这些海子忠于职守不动声色将春夏秋冬的风霜雨雪揽进湛蓝的心底，安静耐心地包容了苍天所有的"情绪与折腾"，海子养育了清泉，却宽厚的放任清泉去欢快远游，养育远方的大地和人类。我想，康巴人正是早已领悟了这些高原上的湖泊宛若海洋一般胸怀博大，因而才亲切地称呼她们为"海"。"舍"与"得"是一个轮回，海子为"舍"，所以永立时光风华不减。我进而想到的是，海子肯定有一双洞悉世事的亮眼。转山转水的旅行者，敢不敢虔诚地站在海子的面前，映照一下自己的真心？！时光行走，情义至上。心地清明，万事无恙。

　　步行甚至一路磕头，围着圣山，转一圈，或多圈，这种"转山"是一种盛行于西藏等地区的庄严而又神圣的宗教活动仪式，在甘孜州很多地方也都有转山习俗。藏族人信仰万物有灵，出生地的神山会护佑自己一生的喜乐平安。除了每年要转当地神山，一生中还要坚定地去转一次著名的神山。给我的感受则是，转山又是一场身体苦旅、灵魂修行吧？越来越多的旅行者加入进来，以徒步、自驾、骑行、搭车等方式，翻过一道道山峰，去追寻内心的"信仰"。人生路像是转山路，在来回辗转的运动轨迹中，就会体悟到"信仰"并非在终点，而是在路上。直线通往终点的路是没有的，弯弯曲曲才能抵达目标，既然已经上路，何不慢下脚步，静下心来，从容地享受、好好地品味路上的每一道风景！

　　我转到溜溜跑马山下，奔腾的折多河畔，甘孜州民族歌舞团的牌子高挂在此。该团成立半个多世纪以来，在党的民族政策光辉照耀下，牢牢把握"二为方向"和"双百方针"，无论是民主改革时期、社会主义建设时期、改革开放时期，还是新的历史时期，对甘孜州藏区的经济、社会发展都做了大量卓有成效的工作，对巩固党在农牧区的宣传文化阵地发挥了主力军作用。近年来，甘孜州民族歌舞团共创作编排了近千个文艺节目。其中以《雪域娇子——岭·格萨尔王》《梦幻康巴》《康定情歌的故乡》《叫我怎能不歌唱》《变迁之路》《高原风》等剧目，以及《一个妈妈的女儿》《毛主席派来了好门巴》《卓玛》《梦中情人》等歌曲为代表作。著名歌手降央卓玛、亚东都是由团里的普通演员锻炼培养后走向更高的平台。

　　在与《康定情歌》民族音乐剧总导演关大心交流时，关老师对我说："《康定情歌》民族音乐剧主题鲜明，具有很强的时代性。故事内容是以一段发生在康定地区的爱情故事为线索，通过特有的地域文化的展示，向世人全面介绍甘孜州富集的自然、文化、旅游资源；同时，向世人传递一种信念：康巴是美丽的，草原宽阔、雪山耸立、江河纵横、牛羊成群，自然祥和；

但这里最能感受到的是人间真爱，无论爱情、亲情、友情、民族情。爱是不分民族、地域和国籍的。只要你尊重自然，回归心灵，你就会拥有世间大爱，你就会享受到康巴高原充满阳光的爱。因此，在排练中，演职人员是带着情感深入剧情之中。他们都很敬业，极具朝气和活力，值得称赞。"

舞蹈队队长巴桑盘点道：近年来，歌舞团在省内外、国内外参加了大量的文化交流活动，无论是在北京、广州、香港等地区，还是在美国、加拿大、墨西哥、法国等国家的文化交流，每一次都是载誉而归。在我记忆中，最难忘的是那年参加由国家派遣的"欢乐春节"活动，我团应邀赴斯洛文尼亚和保加利亚演出，场场座无虚席，场内掌声不断，每场谢幕多次观众仍不舍离去。用演员的话讲：太激动了，我们把中国的文化带到了异国他乡，把藏文化介绍给了国外观众，把藏民族最真实的幸福情景展示给了外国朋友，虽说受累了，辛苦了，但内心是甜蜜的，付出是值得的。

甘孜州旅游资源丰富，市场潜力巨大。我了解到，未来5年，甘孜州将优先发展旅游业。围绕打造世界旅游目的地和国家全域旅游示范区目标，深入推进全域旅游发展，构建东部贡嘎山环线、南部亚丁环线和北部格萨尔文化旅游带"两环一带"旅游发展格局。围绕"吃住行游购娱"等要素，完善旅游基础设施和配套服务设施，提高旅游管理、服务和营销水平。围绕自然景观、地域文化等优势资源，大力发展山地旅游、红色旅游、乡村旅游，推动农旅、牧旅、文旅深度融合，加快海螺沟、稻城亚丁等A级景区创建，形成"春赏花、夏避暑、秋观叶、冬玩雪"的四季旅游市场。通过大力开拓发展，力争全州旅游人次、旅游综合收入翻一番。

圣洁甘孜、大美甘孜、人文甘孜、和谐甘孜、生态甘孜。我是对甘孜州怀有依依深情的人，我试图将狭义的山水游拓展为深度的人文游，当我挥手离别时，我要说：甘孜州，天地有大美而不言，山美水美人更美！

古镇情怀记青岩

早就知道贵阳的花溪很美。1976 年，我刚入伍时酷爱写诗，那时查到贵阳的文学刊物名叫《花溪》，感觉太美了，于是就斗胆往此刊投稿，结果我投去的军旅诗还真被选用上了，这应该是我与花溪最早的结缘。去年随《中国旅游报》组织的"多彩贵州"采风团来到花溪区，才有幸游历了这个国家 5A 级旅游景区，中国历史文化名镇：青岩古镇。

据史载，中央王朝为控制西南边陲，于洪武六年（1373）置贵州卫指挥使司，以控制川、滇、湘、桂驿道。青岩位于广西入贵阳门户的主驿道中段，在驿道上设置传递公文的"铺"和传递军情的"塘"，于双狮峰下驻军建屯，史称"青岩屯"。洪武十四年（1381），朱元璋派 30 万大军远征滇黔，大批军队进入黔中腹地后驻下屯田，"青岩屯"逐渐发展成为军民同驻的"青岩堡"。明初，青岩古镇设屯堡。天启四年至七年（1624—1627），布依族土司班麟贵建青岩土城，领七十二寨，控制八番十二司。青岩古镇作为军事要塞，其后数百年，经多次修筑扩建，土城垣改为石砌城墙，街巷用石铺砌。四周城墙用巨石筑于悬崖上，矗立有东、西、南、北四座城门，是一座因军事城防演化而来的山地兵城，素有贵阳"南大门"之称。

青岩古镇、黔东南镇远、赤水丙安、锦屏隆里并称贵州四大古镇。

贵州多以山水自然风光和民族风情取胜，古镇古城过去深藏不露，相对鲜为人知。青岩古镇依山傍岭，因明朝屯兵而建，是由屯堡演化而来的石头城。历经数

苍茫夜色中的青岩古镇山门。

百年历史沧桑，多次整修扩建，由土城而至石砌城墙、石砌街巷，布局错落有致，民居为青砖黛瓦，城门城墙为青石构筑，具有独特的立体美感。城门城墙全用石头垒砌，是一组有着深厚历史背景的建筑。作为驰名历史的文化古镇，青岩的文物景点多达百处，青岩古建筑大多都是设计精巧、工艺精湛的佳作，镇容布局沿袭明、清格局，至今仍存完好。此外，有着"中华诗词之乡"美誉的古镇，人们心地善良，心存美好，过着"诗与远方"的乡村日子。

其实，我很早就有了挥之不去的古镇情结。每到一处一域，探访当地古镇成了一大爱好。这大概是因为一般古镇都具有厚重的历史文化，缓慢的生活节奏，休闲的生活方式，独有的特色美食。正所谓：我念古镇人，隔在远远乡；我感古镇事，结在深深肠。位于贵阳南郊花溪区的青岩古镇，是个有山有水有人文的地方，四个高耸的城门每天迎接着来自四面八方的宾客。带着好奇，开始漫步小镇，探究古镇的前世今生，领略古镇的不尽风情。

爬上古镇城墙，此墙虽无八达岭长城宏伟霸气，蜿蜒盘旋，但也有

其独特魅力，时而陡峭，时而平坦，起伏之间，掠过历史。临城顶，观远景，仿佛自己就是彼时戍守城墙的卫兵，威风凛凛，气吞万里如虎。向下望去，整个古镇一览无余，湖水碧绿，波纹微皱，白鸽展翅，凌空飞过。摄影取景时，就发现古镇并非在一个平面上，而是建造在一个高低起伏的丘陵坡面上，给人一种在别的古镇中难以见到的立体轮廓特别分明的空间美感。

从老街走过，现在古镇上居住的人家，大多还是当地原住民，岁月流逝，世事更迭，唯一不变的是平平淡淡的古镇生活。看到有的人家在大门前或铺墁青石板上，雕刻有蝙蝠、古钱、白果、鲤鱼等图案，意为"开门见福""开门见财""开门见子""年年有余"和"鲤鱼跳龙门"等吉象。青岩民居的外装饰，看上去并不豪华也不抢眼，这多少反映出青岩商人"财不露白"的传统理念。但若仔细观察青岩民居外装饰，文化内涵则极为丰富，像是一部很有嚼头的古书。门斗、门簪、连楹上的石榴、葫芦、葵花等木雕，既寓意"多子"，又象征"多福"。"多子多福"皆是人们梦寐以求的。许多大户人家前院店铺，后院居室，两厢书房，窗雕多为冰裂纹，意为熬过十年寒窗，方可飞黄腾达。

在青岩古镇，古建筑比比皆是，目不暇接。有九寺：龙泉、慈云、观音、朝阳、迎祥、寿佛、圆通、凤凰、莲花；有八庙：药五、黑禅、川主、雷祖、财神、孙膑、东岳；有五阁：奎光、文昌、云龙、三宫、玉皇；有二祠：班麟贵土司祠、赵国澍祠；有赵状元府、青岩书院、万寿宫、水星楼。还有世界珍稀树木"青岩冷杉"；有神仙、黄龙、花山、璇宫四溶洞；有三叠系古生物化石山。

状元府是贵州第一个文状元赵以炯故居，坐落在小镇状元街1号，状元街与北街交接，靠南边那一截叫"下院街"，北街干道上有指示路牌比较容易找到。大院门前是一副简单的对联"琴鹤谱志，论语传家"，显示了主人一生的志愿。府第坐南朝北，为两进四合院，均为一正两厢，风格是歇山顶式，总占地面积 700 平方米左右。现存前殿、正殿、两厢和朝门，朝门内墙上有许多不同"寿"字残迹，据说这是赵以炯曾曾祖父赵理伦百岁时所留。建筑是以木质结构为主的，气派而不张扬，宁静恬淡，一派书香风范。

坐落在南街西侧的小山脚下的迎祥寺，建于明朝天启年间，有"黔山祖庙"之美称，是贵阳著名古刹之一，至今仍然香火旺盛。该寺有殿宇三重，前为天王殿，现殿中塑有弥勒佛像，两侧塑有四大天王之像。穿过前殿，便是大雄宝殿，正中供奉佛祖释迦牟尼，两旁供有文殊、普贤两位菩萨。后殿下层供观音菩萨，观音两旁，立有善财童子与龙女。令人诧异的是楼上供奉的居然是道教的神仙"斗姆"，一问当地人才知，这里早先叫作"斗姆阁"，本是供奉斗姆的道观，后来才被佛祖们抢了地盘，变为佛寺，人们便将斗姆像移置于此，一起供奉起来。

背街是古镇最具特色的一条石巷，路面青石板经过几百年冲刷磨砺，光可鉴人，如镜面般泛着青黑光泽，给街巷带来一种独特的时空与神秘之感，街边皆是层层片石垒起的院墙，路窄而幽静，沿山势起伏，是摄影的绝佳拍摄点。背街附近是古镇好景点比较集中的地方。

沉浸于古镇意境的我，随意拐进旁边一条深深的小巷，原以为是个死胡同，曲径通幽之后，却是柳暗花明，豁然开朗。

抗日战争期间，因青岩城墙完好，四座城门依旧，偏僻安全，接纳了很多的"避难者"。八路军贵阳交通站在青岩建立安置点，把许多革命干部家属疏散到这里来，周恩来的父亲、邓颖超的母亲、李克农和博古（秦邦宪）的家属都曾经在青岩住过。李克农亲属曾居处：位于青岩镇北街 10 号，1939—1941 年李克农等中共领导人的亲属曾居于此，现仍为民居；邓颖超之母曾居处：位于南街 75 号，邓颖超之母杨振德女士 1939—1941 年曾居于此，现仍为民居，经营快餐；周恩来总理之父曾居处：位于青

静谧的青岩古镇街道，花看半开，酒饮微醺。

岩背街 2 号，1939—1941 年，周恩来父亲周懋臣老人曾在此居住，现已对外开放。

禅古禅今，在中国古镇中很难观赏到青岩古镇这样"四教合一"的风景了。佛教道教香火皆旺，佛教寺庙虽然谈不上规模宏大，但布局严谨，不乏工艺精湛之佳作，慈云寺石雕、寿佛寺木雕均为罕见精品。出庙门不远便是基督教堂，教徒们在虔诚聆听老先生声情并茂讲解《圣经》之时，还有道教的宫观，在袅袅青烟中诵出道家祷文，这都是一幅怎样的"诵经念佛""无量天尊"的情景啊。多种宗教和谐共处，多元文化互存共荣，从而形成青岩古镇的"宗教奇观"。

青岩美食很多，如蜜汁猪肘、酸汤鱼等等，当地还盛产各种山间野菜，处理后摆上饭桌也是极具风味。"麻片糖"香甜脆口，系平正宽家于1874 年首户生产传承至今的百年老字号。双花醋也有百岁高龄，至今不衰，其醋液浓稠持碗，色如酱油黑中带红，酸味适中，曲香回味悠长而略甜，吃货"铁粉"颇多。青岩卤猪脚又名状元蹄，制此卤猪脚，需选农村饲养一岁左右的猪之蹄，取十余种名贵药材入味，经文火温煨，精心卤制，吃时再辅以青岩特产的双花醋调制蘸汁，入口肥而不腻，糯香滋润，酸辣味美。凡到古镇游览者，皆以品尝此蹄为快，并对此美味赞不绝口，"游青岩古地，品青岩美蹄"，已成为古镇的一种旅游饮食文化现象。

青岩还是陆川导演、姜文主演的电影《寻枪》拍摄地，极力推荐人是姜文，他的小学时代在贵阳度过。看剧本时，贵阳花溪附近地区的奇山异水和阴郁天空一次次契合到故事情节中来。剧组实地考察比较之后，发现这里古风犹存的街道、鸡犬相闻而又相对落寞的人际……许许多多的天然质素都令故事有了强烈"原乡感"，能拍出那种"特定年代的真实状态"。

贵阳人很自豪，花溪青岩古镇景区圆梦5A，成为贵阳首个国家5A级旅游景区，填补了贵州文化类5A级旅游景区的空白，名副其实成为贵州一张靓丽的旅游文化名片。我在旅游中了解到，有关方面未雨绸缪，适时提出了青岩古镇如何开启"后5A时代"的问题，有不少游客和网友都对此点赞，热烈响应，纷纷提出了各自的意见和建议。譬如有的提出自驾者泊车难，应该多增加停车位；有的觉得古镇商业味过浓，店铺多且同质化现象严重，应多挖掘富有文化内涵的东西；有的说玫瑰糖、卤猪蹄、洋芋粑等小吃很有特色，但定价不标准，悬殊太大；有的认为破损的旅游道路地面、墙面、护栏应该修旧如旧，还其本来面貌；还有的提出，虽然是沧桑古镇，但在票务系统、电子支付等智能建设上应当与时俱进……

观景激起我的古镇情怀，当然我在采访中也很愿意听听看看文旅主管部门是怎样应对"后5A时代"的，他们的招数和已经落实了的措施，粗略收集到的有以下这些：

进一步挖掘文化内涵，文化底蕴和人文精神是一个景区的"硬核"。

下一步将以保护为主，最大程度地发挥文化遗产的社会效益，不断丰富旅游文化内容，逐步开展青岩古镇历史建筑恢复工程、周恩来父亲曾居地提升改造、邓颖超母亲曾居地恢复、青岩红军作战指挥所保护性修缮等工程，带动古镇旅游经济提升发展。

在非遗保护方面，深入挖掘本土特色产品，重点打造一批非遗项目。对青岩双花醋等原传承人的作坊进行提升改造，借鉴优秀传统技艺（如苏绣）对花溪苗绣传承技艺进行改进、创新、包装，开展玫瑰糖制作工艺展示，带动游客积极参与互动体验，加强文化传承创新。依托国家重点文物保护地茶马古道青岩段，完善周边配套设施，提升青岩古镇文化内核，持续在青岩古镇内、南北门广场开展形式多样的文化活动，充分营造景区文化氛围，促进青岩本土文化宣传。

在商贾文化方面，历史上青岩古镇几乎家家户户都从事商业经营，从建筑结构上就能看出，由于贵州下雨多为"偏山雨"，所以这里的房屋都多加一层房檐，以防把柜台上的货物打湿，在房屋前面都有石制或木质柜台，是商户从事经营的需要。古镇文化中包含商贾文化，适当发展景区商业是弘扬古镇文化的一个组成部分，要特别抓好能为古镇旅游增光添彩的"符号性"商家经营。对于景区内商业发展模式较为单一和同质化现象较为严重的问题，景区实施青岩古镇核心区、扩展区两区发展。核心区即0.8平方公里的古镇保护区域内，主要以文化传承和保护为主，对不符合景区风貌的建筑和构筑物进行统一管理，投入资金开展文物修缮、对破损设施进行修复等；在4平方公里的外围扩展区建立独立商业区，力争"吃、住、行、游、购、娱"六要素平衡发展，实现旅游和商业共存共荣。

旅游经济是一种服务经济，没有优质服务吸引不了游客。在继续提升古镇景区服务品质方面，花溪区将督促完善景区旅游服务设施，做好从业人员培训，培育古镇居民共治共建意识，对在讲解中不到位、少微笑的导游等服务人员进行"补课"再培训；加强对讲解员外语、方言等的语言培训，提升讲解员规范化、专业化水平；组织工商、城管等部门对景区经营户开展诚信经营、微笑服务教育，降低景区发生质价不符、经营欺诈、服务不周等旅游投诉概率，对无证从事旅游业务和私自承揽旅游业务的行为进行常态化严厉整治。

青岩古镇作为高品质游览景区，仅仅确保通畅是不够的，加大交通秩序管理力度必不可少。为此，花溪区协调区交通运输部门、交管部门采取流动执法与固定设卡拦查相结合的方式，以严管重罚高压态势，开展整治非法营运专项行动；依法严厉查处营运车辆拒载、甩客、故意绕道、擅自涨价、不使用计价器打表收费、推销黑景点等行为。针对古镇周边道路闯红灯、车辆乱停乱放等问题，相关部门将投入资金完善重要路段、节点的监控设施，逐步扫除道路监控盲点。眼下，青岩古镇已在景区实施智慧监控系统，在主要节点设置了景区监控系统，可以在遇到突发情况时为安全疏散、救援调度等提供技术手段，同时也为执法部门提供违法、违规行为视频证据。同时，在景区还配置了旅游警察进行秩序维护和巡逻防范，确保游客安全愉快地游览景区。

古镇情怀，其实就是填补自己内心返璞归真的一种情结。从古镇走出来的作家沈从文老先生有言：宠辱不惊，闲看庭前花开花落；去留无意，漫观天外云卷云舒。原来这样的闲情雅致，也深藏在这大西南孕育的古镇平凡生活中。大千世界，世事万象，什么才是心之所求呢？我想，"风景"总在风景外，能成为我心灵中长久记忆的风景和眷恋，大概都是我的收获之所在吧。

古老传奇的福建土楼

　　我是为《中国文化报》摄影专版采访拍摄一个整版的关于客家土楼的报道来到福建永定和南靖的。在采访拍摄过程中，我被土楼深深折服，深深打动，我当时就为后来正式发表的专题照片写了如下的解说词，以作备忘：

　　南靖县书洋镇田螺坑土楼群远眺，当地百姓戏称其为"四菜一汤"。

　　福建土楼是世界独一无二的大型民居形式。

　　沿海地区的土楼外墙底层常用花岗岩条石砌筑，上部土墙用三合土夯筑更为牢固，外观像是大型碉堡，显示了突出的防御性。

　　绳武楼内的一座屋门前，满是锈迹的门钉和铁锁告诉我们，这里已经很久没有人来光顾了。

　　绳武楼楼内显得无比壮观。只是，这里大多数房屋已经空空如也。

　　土楼远眺过去就像是一个坚固的堡垒。

　　土楼里的祠堂显得肃穆而庄严。

　　如今的土楼里别有洞天，"乾坤"谁予评说？！

　　先人王心鉴有《永定土楼》诗赞叹曰："海西觅佳茗，扶杖步晴川。古村若虎踞，高堂作龙蟠。诗礼乾坤寨，耕读同心圆。鸡犬相闻里，余庆永延绵。"

很多年前，一枚小小的"福建民居"邮票让很多人认识了福建土楼。"东方古城堡""世界建筑奇葩""世界上独一无二的、神话般的山区建筑模式"……从被发现的那一天起，这些用生土夯筑的巨型民居建筑就不断接受着观者的种种赞叹。举办北京奥运会的那一年，土楼震惊世界，在加拿大魁北克城第三十二届世界遗产大会上，中国"福建土楼"建筑群光耀夺目，毫无悬念地被正式列入《世界文化遗产名录》。此前，客家土楼营造技艺，被列入第一批国家级非物质文化遗产名录。46座土楼的名字走出深山，走向世界。一开始，它们或许更喜欢山村的温馨、宁静、安然，但"世界遗产"的名号注定要让这里变得熙熙攘攘，喧闹无比。

土楼，是客家先民传承和发扬中国传统文化的产物，是世世代代客家先民智慧的结晶，是中华文化瑰宝，是大家庭、小社会和谐相处的典范。福建土楼，包括闽南土楼和一部分客家土楼，总数约3000幢。通常是指闽西南独有的利用不加工的生土，夯筑承重生土墙壁所构成的群居和防卫合一的大型楼房，形如天外飞碟，散布于青山绿水之间。福建土楼是世界独一无二的大型民居形式，称得上是古代民居建筑中的"航空母舰"，或被誉为"东方古城堡"，绝对是中国传统民居的瑰宝建筑。

土楼是客家民居的典范，何谓客家人？客家人有什么特点？只有把土楼主人弄明白，再看土楼才会更有内涵。据考证，客家人是汉民族一支重要而特殊的民系，现分布于中国南方各省以至世界各地。在内地，除闽、赣、粤三省外，湖南、广西、四川等省都有相当数量的客家人。在海外，东南亚各国，美国、加拿大、澳大利亚，也都有很多客家人。客家先民的主要居住地大约在河北、河南、山东、山西和陕西一带，由于战乱和饥馑等原因，才不断往南迁徙，据说通过五次大的迁徙才形成今日客家的分布。闽西是中国客家文化发源地，闽西在客家先民未大量流入以前是一片森林茂密、猛兽肆行之地，自然环境十分恶劣，居于其中的土著只是少数

世界建筑奇葩福建永定土楼。

刀耕火种的畲瑶。正因为如此，历史上中原地区战乱不断，闽西仍是一处世外桃源，因而成为中原移民逃避战乱、重建家园直至形成客家民系的理想与现实场所。科研工作者检测了福建宁化境内的 105 个姓氏的 393 个基因样品，在这些姓氏家族中，绝大部分的父系血缘来自北方中原汉族，小部分来自百越族群苗瑶族群（畲族）。客家基因族谱的系统分析表明了客家人起源的主体来自哪里。客家人居住地绝大多数是汉族，有少数畲瑶土著人成为不争的事实。

陪同我采访的专家讲：最早有"土楼"记载的文献是《重修虔台志》。据考证，中国殷商时代就有夯土建屋。唐长安的皇城、宫墙均为夯土墙，城内的里坊也是用土墙分隔。福建土楼是客家人从黄河流域辗转迁移到永定之后，历尽沧桑，将远古的生土建筑艺术发扬光大并推向极致的特殊产物。土楼的产生可以追溯到唐末宋初，客家民系在闽粤赣边区形成的时候，成熟于明末、清代和民国时期。在明代，随着经济文化发展，科举致仕不断涌现，发迹官宦开始大兴土木，按中原通都大邑的建筑规制兴建土楼，建筑形式渐趋考究，功能向多样化拓展。形状呈圆形、半圆形、方形、四角形、五角形、交椅形、畚箕形等，圆楼、方楼、宫殿式土楼、五凤式土楼、府第式土楼等各具特色。其中以圆形最为时尚，当地人称之为圆楼或圆寨。圆、方土楼具有明显的地方特色，但其祖祠建于全楼中心，仍保持中原汉族礼制传统中孝悌尊卑观念的核心。

应当说，客家土楼既是中国文化中一种纵贯古今的结晶，又是落后生产力和高度文明两者奇特的混合，在技术和功能上臻于完善，在造型上具有高度审美价值，在文化内涵上蕴藏有深刻内容。永定、南靖土楼以方形及圆形为主，据说是因地制宜，特取"天方地圆"之寓意。外部是土墙，里边为木结构，土墙的基础是鹅卵石。土楼内有水井和排水设施，门大多只有一个，多的有3个。房间的窗户较小。远处看去就是一个堡垒。门比较结实，大多包了铁皮，晚上大门一关，非常安全。土楼的中间是祠堂，祠堂有的是独立的。

以永定客家土楼为例，其建筑具有的独特性能在于：充分的经济性，主要建筑材料为黄土、杉土，这两种材料在闽、粤、赣交界地区取之不尽。施工技术较易掌握，无须特殊设备，完全可人力操作，族人可以大量参与工程，大大降低建筑费用。良好的坚固性，圆筒状结构能极均匀地传递各类荷载，同时外墙底部最厚，形成极佳的预应力向心状态，在一般的地震作用或者地基不均匀导致下陷的情况下，土楼整体不会发生破坏性变形。奇妙的物理性，土楼墙体厚达1.5米左右，从而热天可以防止酷暑进入，冷天可以隔绝冽风侵袭，楼内形成一个夏凉冬暖的小气候。十分奇妙的是，厚实土墙具有其他任何墙体无法相匹的含蓄作用。突出的防御性，恶劣的生存环境迫使客家人极其重视防御，他们将住宅建造成一座易守难攻的设

防城市，聚族而居。土楼内水井、粮仓、畜圈等生活设施具备，土楼使客家人获得了足够的安全保障。在客家人中间，流传着很多敌人久攻不下"大楼安然无恙"的传奇故事。

土楼具有的独特艺术性，成像反映在镜头中，整体造型可以说非常唯美：五凤楼一般选址于山脚向阳处，其立面中轴线上，下堂、中堂、上堂高度递增，上堂居于支配地位。轴线两翼横屋与之呼应地渐次升高，其重叠的三角形山面对峙左右，形成颇工整的秩序构图。虽不着力于细部刻绘，但那错落有致的九脊歇山，饱含雄浑古拙之韵味。方楼的造型特征是其下堂和横屋外墙加厚升高，形成更为壮观的整体。圆寨造型艺术最富艺术魅力，在崇山峻岭之间以浑然一体的纯粹形态出现，宛自天然，系撼人心，恍若大漠中的金字塔般极具纪念性和仪式感。圆的外形与天穹呼应，本色黄土墙与大地密接。随时光流逝，土墙出现无数不规则裂缝，

天圆地方，建筑奇葩，家人闲坐，灯火可亲。

更显斑驳沧桑，苍劲拔力。

土楼是原始生态型的绿色建筑，就地取材，冬暖夏凉，循环利用，以最原始形态全面体现人类所追求的绿色建筑的理念与境界。在众多土楼形状中，圆土楼最为神奇最有魅力。中国远古时代，先人认为天是圆的，地是方的，以圆和方代表天和地，崇拜有加，敬畏更甚。尤其认为圆具有无穷神力，会给家人带来万事和合、子孙团圆。福建作家冼怀中曾不无幽默而深刻犀利地指出："土楼是个句号，却引出无数的问号和感叹号！"日本东京艺术大学教授茂木一郎说："土楼像地下冒出的巨大蘑菇，又像自天而降的黑色飞碟。"美国哈佛大学建筑设计师克劳得则表示："土楼是客家人大胆、别具一格的力作，它闪烁着客家人的聪明智慧，常常使我激动不已。"

成为世遗的土楼，被打扮得花枝招展，吸引着各地纷至沓来的游人，可谓集万千宠爱于一身。还有众多土楼没有入选世遗，它们正默默无闻地躺在各个角落。土楼地区的先民最初为了防御盗匪和敌人在山包上建起山寨，后来又变成土堡，至明清时期演变成了神奇的土楼。昔日能工巧匠刻写的石匾无声地诉说着过去的显赫，却无法阻止后世岁月带来的创伤。即便是如此境地，造访者依旧可以感受到整座建筑的气势和威严。明嘉靖三十五年（1556），中国文人首次写下歌咏土楼的《咏土楼》：倚山兮为城，斩木兮为兵，接空楼阁兮跨层层，奋戈兮若虎视而龙腾，视彼逆贼兮如螟蛉。吁嗟四方俱若此兮何至乎长平。奈何弃险阻于不守兮闻狼虎而心惊，古云闽中多才俊兮岂无人乎请缨。谁能削兵器为农器兮，吾将倚为藩屏！

一座土楼，就是一个艺术殿堂。每一座土楼，就是一个"大家族"，就是一个丰富多彩的"小社会"。客家人喜好聚族而居，每座土楼都居住着十几户甚至几十户宗族人家，一楼一姓，几十上百个房间环形排列，厅堂、水井、粮仓、畜舍、澡房、私塾、讲堂等一应俱全，这种自成体系，既有节约坚固、防御性强等特征，又极富美感而呈壮观的多层民宅，正可谓"一楼一个姓，一户一乾坤"。同一屋顶瓦檐下，生活着几十户几百人同祖同宗同血缘同家族。这种聚族同楼而居的生活模式，典型地反映了客家人的传统家族伦理和家族亲和力。楼内客家人住着层数相同、开间面积相等、无明显朝向差别、更无贵贱等级之分的均等居室。平等聚居，相亲相敬，乃是客家人融洽和睦家风和平等团结的优良传统。

我拍摄的永定承启楼拥有384个房间，最多时曾住过800多人。老一辈传下来的家训："土楼对建设和谐社会和谐家庭很有作用。"是啊，住在土楼里，有事情大家互相帮扶，邻里相助，孩子孝不孝，会有口碑，好的学习，坏的批评，起到教育约束作用。厚重的土楼，承载着厚重的传统文化。发人深省的楹联匾额，与楼共存的私塾学堂，教化育人的壁画彩绘，无不激荡着历朝历代土楼人家"修身齐家"的理想和"止于至善"的追求。振成楼那副备受称道的名联，让我至今无法忘怀："振作哪有闲时，少时壮时老年时，时时须努力；成名原非易事，家事国事天下事，事事要关心。"

从最早的五胡之乱开始到民国时期，这期间1700多年先后有数次黄河流域沿岸的中原居民为了躲避战乱而举家南迁，他们以家族聚集的方式用精湛的技艺以土为主要原料建造了这些神奇的土楼，这就是客家人的由来，也可以理解为远方来的客人在此安家，故名客家人。而留存至今的这些土楼也成为了解客家人历史的重要组成部分。福建土楼记载了古代中原人民南迁的历史，千百年来一代又一代的中原人由于战乱来到这里，带来了中原文化，也保留了最原始的善良和淳朴，从土楼的名字就不难看出人们对和平和幸福生活的无限渴望。在土楼，人们会热情地为你沏茶，脸上的笑容都是原始并且纯真的，这是千百年来民族文化的传承，更是热爱和平生活的人们最珍贵的见证。

土楼远眺就像是一个坚固的堡垒。

　　我还参观了福建省平和县芦溪镇的绳武楼。"绳武"语出《诗经·大雅》"绳其祖武"，意为继承先祖业绩。资料显示，绳武楼外径43.8米，墙厚1米，占地1506平方米，建筑面积1266平方米，它历经嘉庆至光绪五朝，终于建成，长达100多年。无法设想，2001年被列为全国重点文物保护单位的绳武楼竟然如此落魄：除了3家住户，其他房屋早已人去楼空，屋门紧锁；雕工精美的门窗落满了灰尘，部分屋顶出现坍塌；楼外随意堆积着垃圾，让人无法看清它的完整面貌……

　　遭遇如此命运的又何止绳武楼一座？现今，有的土楼木构件被整幢拆毁，有的木料被卸下建造新房，还有的被一把火烧成残垣断壁……更有甚者，土楼位于山区，经济欠发达，年轻人都出外打工，在土楼居住的以老人及小孩为主，人口老年化低龄化严重，土楼间隔音差，鸡犬相闻，缺乏隐私，年轻人已不再愿回到土楼居住。面对座座被毁的土楼，当地有一位作家叹道：谁想毁灭自己的家园？已经度过漫长岁月的土楼，如果毁在我们的手里，我们将如何面对建造土楼的祖先，又如何向后人交代？

　　古老的土楼，东方文明的结晶，祈愿你生机常在，永葆青春！

红原大草原上的雅克音乐季

　　从岷江河畔到三江之源，从高山峡谷到广袤草原，从藏家新寨到雅克音乐公园……夏季红原，莺飞草长，格桑花开，车水马龙，游人如织。草原上的精灵麦洼牦牛，经过世易时移也在与时俱进。如今的牦牛"雅克"不仅能歌会唱，而且还能牵引藏区旅游经济走上高质量发展的康庄大道，真正托起草原人民发展经济过上幸福美好生活的新希望。

　　当第四届红原大草原夏季雅克音乐季、第八届红原大草原牦牛文化节、第三届藏羌彝原创音乐盛典等系列活动拉开大幕，我有幸浸入其中，浓郁民族特色展示表演节目和各民族干部群众万人同唱《我和我的祖国》，在所掀起的草原上的文旅风暴中，尽享音乐文化盛会的陶醉与美妙。本届雅克音乐季主题为"相念"，雅克之音思绪相念草原，国际之音耳畔相念天籁，新声之音怀抱相念星云。郑钧、张靓颖、崔健、奥杰阿格、旦增尼玛、云朵、点灯人乐队、ANU、HAYA 乐团等 40 余组歌手齐聚四川阿坝红原大草原，对民谣流行、民族原创、摇滚电音等多类型曲目进行生动演绎，多角度全方位地呈现一场音乐盛宴的诱人魅力，再度引发新一轮的草原音乐狂欢。我来到这里，就是要尽情阐释这一"高规格、高水平、高海拔"音乐节知名品牌的所有意蕴与内涵。

　　"音乐＋"模式成为藏区全域旅游发展的新词语，新解题。红原雅克音乐季的核心策划人物、星娱文化董事长王开昕说得好：文化产业是改善内需的重要驱动力，也是转变经济发展方式的重要手段，由于中国有14亿人口的庞大市场，而文化产业消费又都是以现金支付的，因此很容易成为拉动内需的有力引擎。同时，作为展现国家软实力、重拾国人信仰的有效途径，中国应该通过文化输出实现引领世界舞台的雄心和愿景。

四川省高度重视音乐产业，着力推进春夏秋冬四季音乐季活动，即春季乐山市以旅游文化为主的"佛光花海春季音乐季"、夏季阿坝州以原创藏歌为特色的"红原大草原夏季雅克音乐季"、秋季甘孜州以情歌为主题的"康定国际情歌音乐节"、冬季凉山州以彝族歌会为基础的"四川特色和民族风情演唱会"，推出本地特色音乐季活动项目，打造有内涵的特色音乐文化品牌。

当第一届红原大草原夏季雅克音乐季在阿坝州红原县举办时，就很好地将世界音乐民族文化完美融合，36组乐队与歌手，160余位表演嘉宾，带来连续3日数万观众的草原狂欢。音乐节期间，红原共接待游客5万多人次，实现旅游收入5000多万元。音乐季深挖红原本土民族文化，

结合世界音乐元素，从策划、运营到执行，均由四川本土团队一手操办。这场"高规格、高水平、高海拔"的雅克音乐季，使红原县获得了良好

红原大草原夏季雅克音乐节演出盛况。

的政治、文化、生态、社会、经济和传播效益，一时名声大振。

第二届雅克音乐季再度在红原带来全新升级的草原音乐盛宴，分别为"音爱狂欢""音悦畅游""音跃梦想"三大篇章，再次成为特色民俗文化与世界音乐融合的展示焦点。其中，0海拔与3500米海拔原住民的音乐交流，为红原藏区量身打造的邦锦梅朵舞台，则涵盖了最具民族特色的互动体验，集中展示出本土音乐文化的最大亮色。在互动体验方面，第二届雅克音乐季引入了VR技术，联动雅克音乐季、俄么塘花海、日干乔湿地三大会场，从而打造出藏区首个"VR智慧全域旅游"户外音乐节。在音乐季现场，除了VR体验区，新设置体育嘉年华、创意集市、马术表演等众多板块，雅克音乐季2.0，亦可谓是前所未有的户外草原狂欢，颇多创新博得观赏观光者的交口称赞。

对于雅克藏羌彝原创音乐盛典这样的音乐节来说，用"音乐＋旅游"城乡全民文化互动新标杆的新词汇来下定义，我以为非常合适和恰当。首先是音乐，其次是旅游，音乐节引来旅游节，真是一举两得啊！就更不用说在音乐节期间打造出的颇具权威的藏羌彝原创音乐综合性线上榜单和中国首个少数民族原创音乐盛典品牌了。藏羌彝原创音乐盛典作为四川省"四季音乐季"文化品牌所衍生出的首个藏羌彝原创音乐成果，川、甘、青结合部首个以原创音乐为核心落脚点的文化盛会，其宗旨与"一带一路"新格局，与国家关于"推动藏羌彝文化产业走廊区域全面可持续发展"的战略部署及"旅游扶贫"一系列政策高度契合。藏羌彝原创音乐盛典的问世和专业榜单的发布，成为藏羌彝音乐人的挖掘艺术深井与孵化平台，并有力推动藏羌彝原创音乐的弘扬发展，进一步完善促成了四川藏区音乐产业链的合理构建，为少数民族群众期待的雅克音乐季无疑又增添了新的蕴涵内容。

通过连续成功举办三届音乐季，阿坝州开拓创新走出一条"党政引导、市场运作、社会参与、民众共享"的文旅融合发展新路径。前三届雅克音乐季活动期间，仅红原县就实现旅游总收入 3.12 亿元，旅游人次达 42.5 万。雅克音乐季的成功举办，对于促进阿坝州文旅产业融合发展，加快全域旅游景区建设影响深远、意义重大。一方面，是雅克音乐季把藏羌彝走廊传统音乐和时尚流行音乐有机结合，把夏季草原的传统聚会升级为多元文化交流交融的盛会和民族大团结的盛会，推动传统文化产业转型升级和培育新型文化业态进行具体实践。活动的成功举办，激发了农牧民群众从传统畜牧业、传统农业向生态文化旅游业转产转业的愿望和热情，对保护生态环境、筑牢生态屏障、促进群众稳定增收起到积极推动作用。另一方面，是雅克音乐季以音乐产业为主体，孵化并带动餐饮、住宿、旅游文化产品研发等第三产业发展，音乐＋旅游、音乐＋体育、音乐＋文创、音乐＋餐饮等"音乐＋"项目正在红原草原落地开花，呈现出文化提高旅游内涵、旅游促进文化繁荣的良好循环态势，为民族音乐文化产业化发展提供了有效载体和高端平台，同时也为全州全域旅游产业发展提供了新思维、新路径、新基础。

在热情奔放的氛围之中，一起去感受来自原野和民族的庞大音乐能量，专注民族音乐，回归音乐本质，这是助力民族原创音乐发展的动力和源泉，温暖和感动无处不在，一段段美好而难忘的时光，在记忆的音乐魔盒里不停地转动回响。在一幕幕震撼壮观的表演中收获琳琅满目的惊喜，与奔放的草原牧民谈天说地，随着民族音乐旋律翩翩起舞，执笔书写民族文化的浓墨重彩。真可谓，明星大咖，浪漫烟花，醉人民歌，狂热摇滚，梦幻 DJ，蹦迪高原。神秘的强大艺人阵容及精彩尽在其中，一场场音乐的宏伟盛事暨演出，在千呼万唤声中波澜壮阔，跌宕起伏，高潮不断。

实事求是地讲，改革开放四十多年时间，随着中国经济快速增长的同时，也造成了经济的"漏斗型"结构，贫富差距加大，产生了很多社会矛盾。要把经济结构改变成"橄榄型"，促进全社会和谐，文化产业可以发挥非常重要的作用。就当前的文化消费市场现状而言，缺的不是需求和资本，而恰恰缺的是好的精神艺术产品。面向市场创作的作品从内容到形式都一定要好，必须从投资者到生产者到未来买单者，由专业人士来完成这样一个完整且优美的出色闭环。文化消费是一个经济现象，更是一个文化现象，要供给与需求并举，以结构性改革来激发大众的艺术享受与消费活力，展望明天，一定是数字化和大众化来引领文化消费浪潮，来改变每一个人的生活方式。

当我走进第四届红原大草原夏季雅克音乐季火热氛围时，我感受到，红原地处"大九寨"国际旅游腹心区，域内月亮湾、日干乔大沼泽、雅克夏山红军烈士墓、日干乔红军文化旅游区等自然、历史、人文景观形式各

本书作者与红原大草原上的藏族小歌手合影留念。

异、绚丽多彩。围绕雅克音乐季，红原新推出了自助游线路 7 条，红色草原体验游等主题旅游线路 5 条，并制定了音乐季活动和旅游景区门票优惠折扣政策。在文旅融合的时代大背景下，红原抓住文旅深度融合的关键，阿坝州确定了把文旅产业打造成全州先导性产业这一定位，全州共安排举办 16 场重大文旅活动和 21 场体育赛事，抓好 26 个文旅重点项目，雅克音乐季也是其中的支持活动项目之一，力求通过举办活动作为载体，通过大力支持鼓励像雅克音乐季一样的活动平台来促进阿坝州文旅携手融合的高质量发展，进一步推动阿坝州成为民族地区全域旅游的模板典范。

我还观察到本次音乐节与往届的不同之处，是在前三届的探索基础上强势提档升级，沿用固定优势音乐内容，完善不足之处，重在创新融合之路，调整宣传战略，在内容、形式、创意、互动、联动等方面进行全面优化升级，全面提档，进一步提高品牌认知度。简言之，一是深度践行文旅融合发展；二是注重挖掘培养音乐人才；三是宣传推广再次升级；四是研发雅克专属文创产品；五是强强联合助力雅克腾飞。此次雅克音乐季举办的实践表明，雅克音乐季进一步加大弘扬了四川文化旅游的对外展示和宣传力度，更加有效地推动了全省文化和旅游的快速融合发展，进一步强力推进了四川全省文化和旅游产业高质量高效率提升发展。

正所谓，"山不过来，我就过去"，"莫问收获，但问耕耘"！举办四届雅克音乐季以来，其不断推出的全新模式引导阿坝藏族羌族自治州成功开启"音乐＋旅游"的发展新模式，并借文旅深度融合契机助力红原县文化旅游扶贫，成功打造出高原藏区高质量发展的绿色新引擎。只要追寻着雅克音乐季的旋律走下去，就一定能欣赏到高原最美妙的风景。

横店演艺秀

演艺秀并非横店首创。深圳华侨城是演艺秀的发源地，杭州的演艺秀《宋城千古情》是宋城乐园的灵魂，上海欢乐谷乃至一些古镇如周庄等都有演艺秀。"景区＋演艺"模式悄然走红，一家景区拥有1—2台演艺秀成为标配。但同时上演20多场自创的演艺秀，不仅是种壮观，更成了一种现象。这种现象在中国旅游界堪称绝版——横店影视城。"到横店看秀"成为游人选择去横店的目标和动力。横店旅游的狂飙突进是从演艺秀掀起的。

执导这场狂飙突进演艺秀的幕后推手，正是浙江横店集团资深副总裁殷旭。正是他带领着一个充满朝气和创新意识的团队，在横店创始人徐文荣和横店集团总裁徐永安的强劲支撑和鼎力支持下，怀揣着打造"中国旅游演艺之都"的宏伟蓝图，脚踏实地向着"中国的拉斯维加斯"的梦想越走越近。20世纪90年代，横店"老爷子"徐文荣慧眼识宝，在谢晋来横店成功拍摄《鸦片战争》后，"挖"来殷旭坐镇横店影视城。此后，横店建起了一大片令中国影视大腕诸如周润发、成龙、李连杰等惊叹不已的影视城。再此后，这些用20多亿巨资构建起来的仿古建筑群发生了质的变化，相继进入"国家5A级旅游景区""全国旅游系统先进集体""全国旅游标准化示范单位"等荣誉之列。横店变化是曲折的、递进的、必然的。

没有人怀疑殷旭对此做出的贡献，但人们更相信他是把一座座普通的影视基地"嬗变"成观光与休闲复合型的中国式主题公园的操盘手。

横店街头的仿古建筑"老凤祥银楼"。

若干年前，媒体对杭州旅行社组团去横店的情况做过一次调查。参与调查的，是杭州20余家代表性旅行社。结果是，50%旅行社在这一年中没有对横店组过1次团，20%组团社中一年只组过1次，人数最多的不超过500人次。原因何在？旅行社老总们认为横店是建了一群不值得"旅游"的空房子和假古董，也就是说横店不算旅游景点，不是景点当然没必要掏腰包，旅行社对横店的空房子和假古董毫不买账啊！

殷旭得知这个尴尬结果后，没有正面回答。但他有一句话让人目瞪口呆，他说："这是事实嘛，只不过发生在眼下。"他说："用不了多久，横店就可能成为全国乃至全球著名的影视基地了。"他心底早已打好腹稿：横店要赢，必须披荆斩棘走出新路，即打造"影视为表、旅游为里、文化为魂"的影视品牌。

殷旭精心制作的第一盘应对"菜"，名字就叫"演艺秀"。殷旭甩出一个新理论：我们不但要把自家房子装修得漂漂亮亮，请大家过来看，还要做顿美味的菜，把大家留下来吃饭。这"菜"指的是什么？怎样来做？人们不知。直到后来，秦王宫里《英雄比剑》问世。2001年，张艺谋携武侠巨制《英雄》奔赴横店，40%的场景取自横店。殷旭敏锐地抓住了契机，在影片公映后的第一件事就在秦王宫恢复拍摄主场景。当时，怎么恢复？效果如何？都没经验。影视特技方面更是空白，录音系统也不像现在这么专业。为达到刀剑打斗的音效，找来菜刀、钢管反复敲打尝试；没有专门的封闭录音室，经常在夜深人静时进行。《英雄比剑》出现时，身临其境，无不叫绝。这正是殷旭"上菜留人"的真正用意和目的，这也是他精心策划制作的第一盘"菜"。横店人把菜名定名叫"演艺秀"。

演艺秀是影视与旅游结合的最佳产物，《英雄比剑》在市场上曝了头彩。到横店看影视特技秀成为旅行社促销的一大由头。横店营销的第一市场迅速向第二市场推进。殷旭的用意很明确，他要将以影视文化做就的

横店影视城里的舞台演艺很出彩。

"演艺秀"这道好"菜"充实进影视城的空房子中，形成独具一格的旅游演艺产品。游客逛影视城可以观赏与影视文化密切关联的表演，改变了单一追星看剧组拍戏的游览方式。殷旭认为，影视旅游主题公园依托于精准的市场营销、有效的宣传推广，但旅游产品本身的魅力才是根本的制胜法宝，演艺秀正是横店影视旅游的核心产品。此后，一发而不可收，各种表现方式、不同题材的演艺秀，如雨后春笋般把整个横店影视城装点得精彩纷呈。横店影视城各个景区20个主打演艺秀，它们或幽默搞笑，或惊险刺激，或神奇梦幻，或绚丽多姿。然而，不管形式怎样变化，每个演艺秀都与所在景区的特质完美融合，且是影视与旅游结合的最佳产物。

大型影视特技水战演艺《怒海争风》在横店影视城发祥地广州街景区上演后，节目用爆炸、快艇、枪械等影视特技手法，在6万多立方米"维多利亚港"水域空间展开立体表演，尤其是身手和绝技极具观赏性的水上特技表演令人震撼。当"穿越"一词尚未流行时，在横店秦王宫，多媒体情景剧《梦回秦汉》率先就玩了把穿越。故事由一个现代青年对秦汉历史的好奇及迷惑而引发，以参与者的角度看待这场因匈奴问题而引起的秦汉两帝间的不同认知，解密其未能沟通的遗憾。清明上河图的古彩戏法《汴梁一梦》将该景区映衬得更为热闹。节目由来自中国杂技之乡河北吴桥杂技团的专业演员现场演绎，杂耍与魔术交融，将昔日大宋汴梁古都的繁荣及民生百态展现得淋漓尽致。皇家马战表演《八旗马战》和影视揭秘互动情景秀《清宫秘戏》相继推出，前者将马术特技、影视表演、影视特技有机结合，重现当年康熙大帝威慑三藩时那惊心动魄的一幕，后者则让游客对电影特效制作不再感到神秘，虚实之间，将游客带入影视拍摄的真实环境中。

描述紫禁城500余年沧桑巨变的大型实景电影歌舞秀《紫禁大典》，节目以紫禁城三大盛典——明代正旦大典、清代万寿大典和建国开国大典为历史背景，结合现代LED显示屏、写实的道具、精美的舞美、多角变

搭载着乘客的绿皮有轨电车缓缓驶出，穿梭在梦外滩景区的大街小巷，一幕幕街景将乘客带回了风花雪月的老上海。

幻的灯光，游客置身其中，陡增万丈豪情。大型园林戏曲歌舞秀《秦淮八艳》，截取明末清初的金陵脂粉一生中最为经典、最打动人心的片段，以多种形式引领观众走入一卷精致艳美的"八艳"长卷。

演艺秀从无到有，从有到成熟，随着节目的相继推出，横店的游客量步入高速增长阶段。横店演艺秀其实就是中国旅游演艺的发展史。中央电视台"百家讲坛"主讲学者在考察横店影视城时说，这里巧妙地运用中国博大精深的历史文化资源，打造出深受现代游客欢迎的旅游产品，使原本毫无旅游基础条件的横店变成海内外驰名的旅游胜地。

壶口惊涛入我心

黄河之水天上来，壶口惊涛入我心！

黄河是中华民族的母亲河，她孕育滋养了灿烂的中华文明，养育了勤劳勇敢的炎黄子孙。黄河浩浩荡荡，汹涌澎湃如千军万马，纵横万里，奔腾向前！黄河奔流至狭窄的晋陕大峡谷中，两岸石壁峭立，苍山夹峙，怒吼声震，河口收束狭如壶口，故名壶口瀑布。瀑布上游黄河水面宽300米，在不到500米长距离内，被压缩到二三十米的宽度。1000立方米／秒的河水，从20多米高的陡崖上倾注而泻，飞流迸溅，形成"千里黄河一壶收"的冲天气概，大自然挥舞鬼斧神工，在此造就出了世界第一大金黄色瀑布！"壶口"的称谓，最早见于战国时期的《尚书·禹贡》，如"既载壶口，治梁及岐""壶口、雷首，至于太岳"，都与大禹治水的路线与策略有关，壶口是大禹治水的始发之地。

我是在新中国成立70周年之际，随"我和我的祖国"红色旅游媒体采风团走陕西宜川线路进入壶口的。黄河壶口瀑布现为国家级风景名胜区，国家AAAA级旅游景区，西临陕西省延安市宜川县壶口乡，东濒山西省临汾市吉县壶口镇，为两省共有旅游景区。这个"黄河奇观"，是黄河上唯一的黄色大瀑布，也是中国的第二大瀑布。以壶口瀑布为中心的风景区，集黄河峡谷、黄土高原、古塬村寨为一体，展现了黄河流域壮美的自然景观和丰富多彩的历史文化积淀，著名景点有孟门夜月、卧镇狂流、十里龙槽等。壶口瀑布被确定为国家重点风景名胜、国家地质公园，评选为"中国旅游胜地四十佳"和全国中小学生研学实践教育基地。

犹记得我第一次来观壶口瀑布，是在1997年香港回归祖国的时候。那一年，我为香港洗雪百年耻辱创作并由解放军文艺出版社出版了长篇纪实文学《我的1997》。当我手捧"腰封"烫金印制"赠给中国人民解放军驻港部队"大字的样书，在香港回归前夕来到壶口瀑布时，我真是心潮逐浪，百感交集。我与血管里奔涌着中华血脉的同胞一起唱响"风在吼，马在叫，黄河在咆哮"，一起见证一个历史性的场面：

1997年6月1日13时19分7秒，一位黄皮肤、黑眼睛、名叫柯受良的中国人驾驶着一辆风驰电掣的汽车从山西一方飞越过母亲河，重重落到了陕西一方。车在空中停留1.58秒，在瀑布上空划下了一道优美的弧线。

黄河之水天上来，奔流到海不复回。

随着"过去啦"的声音，人群中掌声雷动！20多秒之后，飞人柯受良神色疲惫地从车中钻了出来，助手搀扶着他的胳膊。当天，中央电视台一、四、八套和凤凰卫视中文台现场直播，让90多个国家数亿人目睹了这一盛况。柯受良年迈的双亲、太太、儿女以及刘德华、曾志伟、谭咏麟、赵传、任达华等朋友一起相约赶到现场，另有2400余名专业和业余演员特别为柯受良助兴。飞越前，柯受良走上演出舞台，他说："中国人有足够的能力、力量做世界上任何事，我用这一举动迎接香港回归！"飞跃黄河壶口瀑布凯旋后接受采访时，柯受良坦露心声：一是为即将到来的香港回归，二是向全国的小朋友献一份特殊礼物。

1997年5月，吉县——山西西南部一个只有9.8万余人的小县城突然异乎寻常的热闹起来，1777.2平方公里的土地上云集了来自香港、广州、北京、上海等各地记者500余人，世界各地成千上万的游人更是趋之若鹜，到5月30日晚，县城所有招待所爆满，两所中学、四所小学的教室里全部打满了地铺，6城区的大部分居民家中都设起了家庭旅馆。即使这样，依然有部分人员露宿街头。与吉县隔河相望的陕西宜川县，也出现了相似现象，并不宽阔的街道上骤然间出现了许多陌生面孔。夏日的酷热似乎早一些降临了。

本书作者在壶口瀑布景区留影：壶口惊涛入我心！

如今，黄河边上的吉县，特意为柯受良立了一块碑，在纪念碑的上方有一个雕塑——那是一辆汽车起跳的瞬间，汽车前轮已经高高跃起，车头昂首面向滚滚黄河，纪念柯受良飞越黄河的壮举，让来壶口瀑布的每一个人，都感受到柯受良挑战极限、勇攀高峰的精神。其实，早在1992年11月，柯受良就驾驶摩托车成功飞越万里长城——北京金山岭烽火台，成为世界上第一个飞越长城的人。飞越长城，柯受良突然领悟到，他的特技能够超越电影领域而与民族精神融合。当时，走下表演台，面对蜂拥而至的记者，柯受良脱口而出，锁定了下一个宏伟目标——黄河，他告诉记者："在我看来，长城是父亲，而黄河则是母亲，我要通过我的飞越，把他们连在一起，这样才有意义！"

壶口瀑布极为壮观，滔滔黄水倾泻而下，激流澎湃，浊浪翻滚，水沫飞溅，烟雾迷蒙，狂涛怒吼，声震数里，就是在今天我伫立的宜川壶口瀑布的那一端，吉县壶口瀑布险峻的岸边，一位同行的著名摄影记者为我抓拍下若干张珍贵画面，其中有一幅是这样定格的：以波涛汹涌的壶口黄河巨浪为背景，我拿着打开扉页的《我的1997》，"谨以此书献给祖国母亲和她归来的游子——香港"二行大字与壶口瀑布交融，多么诗情画意，又多么蕴意深远啊！我要说，壶口瀑布，就是如此这般地与国家民族、炎黄子孙的命运息息相关，脉脉相连。

壶口一带，黄河西岸下陡上缓，狭谷谷底宽约400米，由谷底上坡到龙王坡坡高约150米，崖岸很陡，龙王坡以上谷形展宽，谷坡平缓，黄河的横剖面成谷中谷的形态。在龙王辿以北，河幅宽度和狭谷宽度一致，河水充满狭谷，常水位流量在每秒1000—3000立方米，龙王辿以下，水流到壶口，在平整的谷底冲成一道深槽。瀑布高度在枯水期可达20米，夏秋之际可达45米。洪水来时，洪流滚滚，涌出深槽，瀑布就变成一股激流而下，涌向孟门。壶口以上，水在宽槽中流行，到了深槽上端，宽阔的水面一下子全部倾注到狭窄的深槽中，形成瀑布。此处河床形如一把巨大的茶壶，收尽奔腾不息的黄河之水。明代诗人惠世扬诗句"源出昆仑衍大流，玉关九转一壶收"，正是对壶口这一景象的精彩真实写照。再看壶口两边石岸上，分布无数个大小不一形状各异的石窝。石窝是由河水长期冲击石岸，盘旋雕琢河床凹处而成，所以多呈圆形，可见大自然造化之伟力。民间相传这些石窝乃当年大禹治水时留下的马蹄踪迹，故称"石臼仙踪"。其实，这些石窝水洼并非人工凿磨，而是洪水激流数千年来冲击石块盘旋磨蚀而成。明代有诗为颂："河底有天涵兔影，山间无物掩蟾光。……因其孟门开宝镜，嫦娥向晚理残妆。"至于旱地行船，则是壶口地界上独有的航运方式，历史上晋陕峡谷航运不便，必须在壶口卸下货物，空船上岸，陆上行舟数里过壶口后，船再入水载货，继续航行。

壶口瀑布记录着黄河的变迁史，记录着生活在这片土地上人们的往事，记录着祖国的兴衰与昌盛。我的脑海中又跳出多少前人先贤关于吟诵黄河的好诗啊："白日依山尽，黄河入海流。欲穷千里目，更上一层楼。""黄河之水天上来，奔流到海不复回。""黄河西来决昆仑，咆哮万里触龙门。""黄河落天走东海，万里写入胸怀间。""黄水劈门千声雷，狂风万里走东海。"

在这飞流直下的巨瀑面前，我想到，我在山西出生，我在黄河边的吕梁山区插队，我从黄河之畔参军入伍，我受到黄河水的滋养，是在黄土地的摇篮中长大。我更想到抗日战争烽火中诞生在这里的史诗性伟大作品《黄河大合唱》：你是中华民族的摇篮！五千年的古国文化，从你这发源，多少英雄的故事，在你的身边扮演！你是伟大坚强，像一个巨人，出现在亚洲平原之上，用你那英雄的体魄，筑成我们民族的屏障。你一泻万丈，浩浩荡荡，向南北两岸伸出千万条铁的臂膀。我们民族的精神，将要在你的哺育下，发扬滋长！一群热血青年远走他乡，告别年迈的爹娘，他们

《黄河大合唱》代表了中华民族复兴强盛的宏大愿望。

再也不回望，一心只为了拼死沙场，用满腔热血，祭奠祖国和中华民族明天的朝阳。这部中国现代音乐史上最伟大雄壮的合唱作品，从1939年3月的初春在陕北窑洞唱起，便如燎原烽火，转眼间燃遍全中国，在前方抗日战场上，在敌人后方游击战区，在城市，在乡村，像一把把火炬，鼓舞着中华民族浴血奋战，赶走日本侵略者，重建中华民族美丽家园。从它诞生的年代开始，就已经成为民族精神的象征符号，日夜都在昂扬激越地回响。它好似满满一束带刺的怒放野花，绽放出让人奋起的美丽与芬芳！每个人的血管都是黄河的支流。黄河大合唱代表了中华民族复兴强盛的宏大愿望！

　　谛听着如雷贯耳的轰鸣之声，我对壶口瀑布更加充满崇拜和敬畏。惊天动地的黄河将我的热血燃烧，地动山摇的惊涛将我的心灵梳洗涤荡！伟大不朽的黄河流水，震天撼地的壶口瀑布，愿你裹挟着我的生命，让我跟你一道不分昼夜、不改初心、永不停息地奋勇奔流，一往无前！

惠安女今昔

　　闽南文化的精髓都在泉州，它是闽南文化的发源地。特色的闽南建筑，多元的文化交融，使泉州抹上一层神秘的色彩。在泉州惠安县惠东半岛的海边，生活着一群特殊的族群，就是惠安女。有人说她们是少数民族，有人说是汉族，她们主要分布在惠安东部崇武、山霞、净峰和小岞四个地方。过去很少有外人及游客进入这里，惠安女在这里过着自己想要过的生活，她们以奇特的服饰，奇异的婚俗而闻名海内外。

　　那年去厦门参加第三届中国诗歌节，见到著名女诗人舒婷，灯下便又重读了她的《惠安女子》："野火在远方，远方／在你琥珀色的眼睛里／以古老部落的银饰／约束柔软的腰肢／幸福虽不可预期，但少女的梦／蒲公英一般徐徐落在海面上／啊，浪花无边无际／天生不爱倾诉苦难／并非苦难已经永远绝迹／当洞箫和琵琶在晚照中／唤醒普遍的忧伤／你把头巾一角轻轻咬在嘴里／这样优美地站在海天之间／令人忽略了：你的裸足／所踩过的碱滩和礁石／于是，在封面和插图中／你成为风景，成为传奇。"

　　遥想40多年前，我正做着军旅诗人的梦，年轻气盛，诗情竟洋溢到惠安女身上，一首《渡口渔女》诗在《北京文学》发表还获了奖："大喇叭形的裤腿里／伸出赤裸的脚丫／叮叮咚咚，叮叮咚咚／踩响渡口的曲

曲弯弯的石板小径／圆锥状光滑的竹编斗笠／迎着炽热的热带光／斜斜
歪歪，歪歪斜斜／罩在裹着红纱巾飘着黑秀发的头顶／渔女们的服饰／
奇特而有风韵／渔女们的光临／ 引起渡口的骚动……"虽然我未曾亲眼
见过惠安女并亲自体验她们的生活，但这让我从此有了一种"惠安女情
结"，了结这种情结就从这次福建惠安崇武之行开始。

我来到海上世外桃源——小岞岛，一个可以在碧海蓝天下，品尝丰
富的海鲜大餐，沐浴着海风，安静地体味原汁原味东南沿海渔村风情的地
方。小岞镇位于惠安东部沿海，东、南、北三面临海，距离惠安县城 32
公里，是影片《寡妇村》的创作地和拍摄地。惠安女婚俗奇特，电影《寡
妇村》有所揭示：婚嫁那天，新娘身着黑衣裤，打着黑伞，由娘家人陪
送过来，男方家不派人前去迎接。新婚之夜，新娘不能上床，只能站在床

惠安女以勤劳吃苦著称于世，大多以渔业生产为主。夕照渔归之时，大海映
衬出丰收的喜悦。

边过夜。次日晨，须返回娘家，直到这年除夕夜，丈夫才可将妻子接回家住一晚，第二天又必须把妻子送还娘家。此后，只有等到较大传统节日，丈夫方可将妻子接回小住一到二日，如此反复，直到妻子生了孩子，方可名正言顺地长住婆家与丈夫共同生活。

崇武镇大岞村的海湾很宽阔，渔村很大，路上亲历惠安女的勤劳坚忍：活跃在艰苦的采石工地上，她们俨然是裁剪石头的"石头裁缝"：一把铁锤一支铁钻叮叮当当，就能够把巨大的花岗岩裁成石条，敲成石子，成为最好的建材。她们的一副肩膀，挑石拉船担鱼，无所畏惧，一双大脚，踩山踏浪，一往无前！我在惠安女艺术创作基地总经理张汉宗安排陪同下来海边采风时，首先扑入眼帘的就是十二个大字："弘扬惠女精神，传承惠安文化。"海滩上停泊的渔船前，有惠安女点着香烛，烧着纸钱在祈祷平安。天时、地利、人和，我立马开始抢抓镜头，后来《中国文化报》刊发了整整一个摄影专版，所选发的 8 张照片的图片说明是这样写的，基本为惠安女勾画出一个轮廓：

常年在海边生活，惠安女为防风防晒而佩带花色头巾和橙黄色斗笠，花巾上还缀有编织的小花和五颜六色的小巧饰物。甚至在竹笠上插枝指甲花、白玉兰或什么叫不上名字的野花。

惠安女以勤劳吃苦著称于世，大多以渔业生产为主。夕照渔归之时，大海映衬出丰收的喜悦。

阳光洒在金色的沙滩上，湛蓝的海畔就是惠安女劳动的天堂。

惠安女的穿戴极具特色，具有传统女性所追求的美感和现代女性所追求的性感，更重要的是适合在亚热带海浪、风雨袭击下劳作。

同样处在经济全球化的漩涡里的惠安女，其传统文化正在发生着迅速而巨大的变化。她们捕捞上来的，除了海鲜之外，还能有其他什么东西呢？

在福建东部崇武、山霞、涂寨、东岭、净峰、大小岞六个聚居惠安女乡镇的沿海地区，众多海堤都是惠安女沐风栉雨长年累月肩扛沉石垒砌而成，她们的承受力之强，世人所罕见。

改革开放使崇武人越来越富裕了，渔民们拆掉低矮的旧厝，盖起一幢幢小洋楼，海边列阵的渔船，成了财富的"制造工厂"。

娉婷的身影，伶仃的笑声，惠安女啊，劳动着，快乐着……

以往的惠安女子中，大多戴着奇特的蝴蝶状头饰，头巾和涂上黄漆的斗笠把脸部遮得严严实实，却毫无顾忌地露出肚皮，上身穿着斜襟短衫，袖口绣着色彩鲜艳的花边，下身是宽大的玄绸裤。有人说她们是古代百越族的后裔，头饰类似于古百越族的图腾；也有人说是受彝族服装的影响，不管怎样，这一身装扮已经延续了千年。人们形象称之为"封建头、民主肚、节约衣、浪费裤"。那么，她们为何偏偏要露出肚皮来呢？传说，有一次皇帝南巡要路过此地，地方官吏为显摆其所辖地十分富足，就下令打制银腰带系于女人裤腰上，同时弄短上衣以便让银腰带显露出来。此后，佩饰银腰带作为财富象征一直流传下来。

据考，惠安女服饰源于闽越文化，融汇了中原文化、海洋文化精华，经过一千多年异化和传承顽强保留下来。惠安女服饰的整体样式定型于唐朝，至宋代渐趋成

常年在海边生活，惠安女为防风防晒而佩带花色头巾和橙黄色斗笠，花巾上还缀有编织的小花和五颜六色的小巧饰物。

熟，明末清初以后，发生明显变化即形成款式奇异、装饰独特、色彩协调、纹饰艳丽的基本特征。惠安女服饰分布在惠安东部海坤区域的崇武、山霞、净峰、小柞等乡镇。它包括服饰、发型、首饰、佩饰和其他穿戴等。以现存的服饰实物大致可归纳为清末至 20 世纪 30 年代服饰、20 世纪 50 年代服饰、20 世纪 80 年代服饰。惠安女服饰融民族、民间、地方和环境特征为一体，既有少数民族特点，又独具地方特色，是研究闽越文化传承变迁及中华民族多元文化交融的珍贵的文化遗产。惠安女服饰在民族服饰文化中独树一帜，可谓中国传统服饰精华的一部分，现代服饰中的一朵奇葩，具有很高的实用艺术价值和民俗文化研究价值。

如今，外界文化影响使惠安女着装悄然嬗变。崇武镇内外两种文化仿佛相安无事，其实暗地里却唱着对台戏，展开无形而残酷的竞争。年轻惠安女上衣不再短到露出肚脐，裤子也不再宽大如灯笼，只是金斗笠和五彩缤纷的头巾依然如故，仍保持一道独特风景。惠安女在变，其泛神信仰、不落夫家的婚俗已经淡漠，终将退出生活舞台，被经济全球化大潮席卷而去。惠安女的传统服饰也许在理论上不被淘汰，但现在许多年轻女子不喜欢穿惠安女传统服饰而钟情于时装却是不争的事实。世界日益趋同化，保存惠安女传统服饰成为迫在眉睫的事儿，惠安女生活习俗以及传统服饰等等这类"非遗"如何在经济全球化大潮中不被湮没，保持个性色彩长久流传成为文明共存之范例，确确实实是一个值得深刻思考和亟待解决的问题。

惠安是个有典型母系社会因子遗存的地区，惠安女不仅精于务农，也善于务工。毫不夸张地说，惠安女的勤劳本色是中国妇女的楷模。勤劳的惠安女是当地生产劳动的主要群体，至今也是如此。惠安女做男人应做的粗重活，她们的吃苦耐劳精神在中国女性中少见。而当时的社会和家庭给予惠安女的地位和尊重又是非常卑微的。现今的惠安女已今非昔比，不再有旧时代阴影缠绕，而是有文化、有思想，不再固守家庭，身影活跃在市场经济各个角落的时代新女性。随着经济建设不断发展，改革开放不断深入，惠安女在出色地完成贤妻、良母、孝媳三重家庭角色的同时，正在平凡中创造，在奉献中闪光，续写着"巾帼不让须眉"的新佳话，新篇章。

如今的惠安女，竹笠还是那个竹笠，头巾还是那个头巾。服饰依然美丽，心灵美丽依然，只是改了过去只会料理家务、做粗活重活的形象，机关干部、成功企业家、文学艺术创作者、能工巧匠，各行各业的佼佼者中，都有美丽惠安女的身影。惠安女正大步走出惠安，走向中国，走向世界，其独具特色的惠安女民俗文化逐渐被世人所熟知。惠安女风情，赶上了好时代，风头正劲，独领风骚！

惠安女服饰的传承、变异历程充分展现了惠安女的勤劳智慧和杰出的创造力，展示了优秀传统文化的无限生命力。惠安女服饰所蕴含的服饰艺术与服饰民俗的丰富深刻内含，是一份不可多得的珍贵文化遗产。

惠安女的传统服饰，若干年后，是在崇武渔村碰到，还是在博物馆看到，尚是一个未知数。亨廷顿在《文明的冲突与世界秩序的重建》中称"维护世界安全则需要接受全球的多元文化性"。然而，在文化霸权主义与文化部落主义的对抗博弈中，胜者总是前者。惠安女的传统服饰等等，是崇武地方文化的精髓，需要保护和投资，不能在经济全球化中自生自灭，犹如韩服、和服等民族服装那样。当来自全球的宾客、旅游者慕名到访，但愿这个魂牵梦萦的地方还有往昔的神秘与积淀、美丽与端庄。

当我用心以多彩镜头和情感笔墨真实记录下今日凤毛麟角般的惠安女点滴生活画面呈献给读者时，我祈盼惠安女"风景"常在，"传奇"永恒。

惠安女服饰的传承、变异历程充分展现了惠安女的勤劳智慧和杰出创造力，展示了优秀传统文化的无限生命力。惠安女服饰所蕴含的服饰艺术与服饰民俗的丰富深刻内含，确是一份不可多得的珍贵文化遗产。

汉风汉韵识汉中

　　汉中位于秦岭、巴山之间，有厚重的两汉、三国历史文化遗存，有"汉家发祥地，中华聚宝盆"之美誉，文化旅游资源得天独厚，全域旅游发展潜力巨大。生活在秦岭南麓汉中盆地的"秦岭四宝"朱鹮、大熊猫、金丝猴和羚牛这四种珍稀动物，一直被誉为"汉中四宝"。这"四宝"是"中华聚宝盆"的最佳注脚，是汉中优越生态环境的"吉祥物见证"。顶层设计，全域统筹，打造"看得见山、望得见水、记得住乡愁"的全景汉中，已然结出丰硕果实。

　　汉中行，我的印象深刻：这里走出了汉风汉韵与现代文明互动融合、相得益彰的文化发展新路。记得有一位学者来汉中时曾动情地说："全体中国人应把汉中当作自己的老家，每次来汉中都当作回一次老家。"汉中的一位历史老师曾说："大家都是汉族人吗？一个汉族人，不知道汉中就相当于不知道自己的外婆是谁？"2000多年的历史，赋予了汉中怎样深邃厚重的"历史文脉"？其实汉的发源就在秦国的土地上，不单单是汉中那么简单。汉的名字由来是刘邦被封为汉王的时候来的，而汉王的领土就是汉的发源地。讲汉语，说汉字，这是因为曾经有过一个伟大的王朝——汉朝。而汉朝一个非常重要的重镇，就是汉中。游历汉中，我最大的一个感受就是这儿的山水仿佛全都成了历史，而且这些历史已经成为全民族的故事。所以汉中这样的地方不能不来，不来就非常遗憾。

非常有意蕴的是，打开中国地理版图，位居中心的正是汉中！汉中，是国家历史文化名城。在这片人杰地灵的热土上，孕育了两汉三国、红色革命、秦巴民俗等绚丽多彩的灿烂文化，涌现出张骞、李固、何挺颖、陈浅伦等灿若星辰的名人先贤、革命先烈。得天独厚的人文历史资源，赋予汉中独特的魅力，成为文化振兴的亮丽"王牌"和强力"引擎"。

文化自信是一个国家、一个民族的血脉和灵魂，也是一个地区、一个城市发展的动力和支撑。该如何活化静态的历史遗存，让记录历史沧海桑田的每一块砖石、印证民族成竹在胸的每一个细节，再现时代人文之光？汉中经过精心挖掘，确定"汉、古栈道（石门栈道）、龙岗文化、拜将坛、张骞、定军山、石门十三品、朱鹮、汉调桄桄、汉中仙毫"为十大文化符号，全面叫响"两汉三国·真美汉中"形象品牌。

巍然矗立的汉中望江楼，始建于南宋，是汉中的标志性古建筑。

刘邦缔造的大帝国为何称"汉"？千古一帝汉高祖刘邦，一生有两座绕不过去的城市：生于徐州，建都长安（西安）。其实与刘邦人生密切相关的还有一座小城，论实力虽不如西安和徐州，但这座小城对中国历史的重要性并不弱于徐州和西安，这就是汉中。刘邦进入汉中后，养精蓄锐、操练士兵，拜韩信为大将，很快转守为攻、北定三秦，接着对项羽穷追猛打，最终夺取江山，建立西汉王朝，做了高祖皇帝。为了纪念他的发迹之地汉中，刘邦将国号定为"汉"。由此，汉中也成为泱泱大族汉民族称谓的源头。汉中作为汉文化的发祥地，自身对汉文化的孕育、形成、发展具有重要影响，产生影响的这些因素则是为汉中所特有的"汉"文化。

汉水、汉中、汉朝、汉族、汉文化、汉学，这一系列"汉"之深根就扎在汉中。"汉"文化的核心价值涵盖了以刘邦、萧何、张骞、蔡伦、张良、刘备、诸葛亮等一干历史名人所表现出的进取精神、开拓精神、创新精神、忠贞节操、智性与勤政精神。虽然他们中有些人并非汉中人，但要研究"汉"文化，不能舍弃其精神内核而不提，若此这般那些"汉"文化岂不成了虚无缥缈的"汉"文化了？汉中值得挖掘的思想人物也很多，从陆贾复兴儒学到汉武帝"独尊儒术"，从彭祖养生寿考到老子虚静无为再到西汉黄老之治等等，都值得挖掘。汉中还诞生了"丝绸之路"开拓者、外交家张骞，孕育了刚直雄烈的大汉诤臣李固。

汉中行，还强烈感受到这里有着许多优秀历史文化旅游资源。

传承应用好"汉"文化，既要发挥汉中的传统文化优势，使其与现代文明融会贯通，又必须处理好传统文化的物质层面与精神层面的关系，即所谓的"道器关系"。"道"指传统文化的精神内涵，"器"指传统文化的器物实体（包括遗址、文物、古迹等）。"道器统一"就是要在保护利用传统文化的遗址、文物、古迹的同时，着力发掘弘扬这些器物中所蕴含体现的优秀文化精神，真正做到：深入研究汉中"汉"文化传统，在"道""器"两方面到达到高度文化自觉，努力发掘"汉"文化精神内涵，提高文物利用的文化品位，让旅游者"见其器而知其道"，进而将"汉"文化的优良传统落实到"诗与远方"，让人们真真切切爱上这座洋溢着汉风汉韵的旅游城市。

感知汉文化，研学游汉中。作为汉中市旅游名片，武侯祠始建于三国蜀汉景耀六年，即 263 年，是全国武侯祠始建年代最早的祠庙，也是唯一由后主刘禅亲自下诏书修建的祠庙，可谓"天下第一武侯祠"。整个祠庙占地 80 余亩，历经 1700 多年，融古建、园林、文学、艺术、书画、雕刻、彩绘于一体，是一座代表陕南地方传统建筑风格的千年古祠。祠内文物丰富，匾联层层，碑石林立。其中武侯祠内唐碑于 1979 年被国务院确定为"全国第一批书法艺术名碑"，古柏经林学专家测定已有 1700 多年树龄，旱莲被证实为世界稀有花树，树龄 400 余年，被确定为汉中市"市花"。

文化是人为的，也是为人的。青砖黛瓦白墙的特色陕南民居，细柳随风，小桥流水，古朴中透出几丝温婉，这就是我游历过的蜀汉文化熏陶下的诸葛古镇。古镇南依汉江、北邻武侯祠、东连马超墓、西接阳平关，历史文化资源丰厚，是陕西省十大重点文化项目"两汉三国文化景区的开篇之作"。景区总占地面积 300 余亩，总投资 3.5 亿元，以诸葛亮创造的八卦阵为整体布局理念，以武侯祠、武侯墓、马超墓、定军山、汉江、《出师表》实景演出等历史文化资源为载体，集旅游、休闲、娱乐、体验为一体，以具有地域特征的民居建筑，融合汉代官式建筑与民间建筑巧妙地混搭在一起，匠心混搭，别具风格。三顾茅庐、草船借箭、火烧赤壁、空城计……游走古镇，仿佛回到了那个风云际会、豪杰辈出的时代，处处都是让人热血沸腾的三国英雄画面。

兴汉胜境景区是以汉中享誉世界的汉文化遗存和优良的山水生态环境为依托，按国家 5A 级景区标准、投资上百亿，历时 5 年匠心打造的中国汉文化旅游度假区。兴汉胜境依汉源湖而建，以自然生态的汉水之源为

汉中油菜花开季宛若巧夺天工画。

根，以中华民族的汉文化之源为魂，以汉朝初兴的历史辉煌为底色，建成集汉风景点群、汉风商街群、汉风博物馆群、汉风酒店群、汉风餐饮、汉风演艺等于一体的汉文化超级旅游度假区，为游客带来雅致、美好、快乐的汉风生活体验。景区内首先映入眼帘的是一排排独具特色的汉风建筑，灰墙黛瓦，典雅庄严，沉寂又不失大美。在汉文化博物馆、汉乐府、兴汉城市展览馆这三大展馆中，无论走进哪一个展馆，古色古香的装饰风格，琳琅满目的精美展品，活灵活现的人物雕像，在导游生龙活现的解说下，都带给旅游者强烈的震撼和深刻的思考。

汉张留侯祠，俗称张良庙。张良，字子房，战国时代韩国人，本姓姬。秦始皇灭韩后，姬公子为报丧国之仇重金聘求力士刺客，于博浪沙欲以大椎击始皇却错中副车，事败后避难至下邳，更名张良。青山环抱，溪涧萦绕，静卧于秦岭南坡紫柏山麓的张良庙宛若人间仙境。经历代整修扩建，如今有大小9个院落，殿、堂、楼、阁、亭、廊、桥、榭等多类古建筑一应俱全，主要景观有牌楼、进履桥、大殿院、拜石亭、第三洞天、草亭和授书楼等。其中屹立于大殿后山岭之巅的授书楼是庙内最高建筑，掩映在紫柏青松之间，忽隐忽现于云海雾涛之中，犹如一座飘临凡界的仙阁。庙内布局匠心独运，建筑雕梁画栋，古韵依旧，香缠雾绕中似有仙踪可觅。古往今来多少名人雅士皆醉心于此，对张良的惊叹和敬仰难计其祥，现存摩崖题刻51处、碑题39通、楹联40余幅，如此丰富的人文景观怎不令人拍案叫绝！

华阳古镇在秦汉时期形成，唐宋时代均被设为县治，有"千年古船城，秦岭第一镇"之称。汉代开拓的傥骆古道，是连接关中及整个大西南的交通命脉，华阳古镇作为一个重要驿站，随着商贸流通和多民族大融合，呈现出日益繁荣景象。清代诗人曾以"城在山头市在舟，万家烟火一船收。上有宝塔系古渡，下有魁楼锁咽喉。山环两岸排衙走，水插三道绕曲流。莫到华阳无名地，石有将军岭卧牛"之妙诗来描绘华阳"船形古镇"八大盛景。而华阳景区地处秦岭南麓洋县华阳镇，山水风光以"高、寒、奇、险、秀"为特点，"一山有四季，十里不同天"。"四大国宝"——朱鹮、大熊猫、金丝猴、羚牛竟能在同一区域繁衍生息，世所罕见！境内森林覆盖率95%以上，有种子植物2039种，植被具有古老性，稀有种、孑遗种多，被誉为"动植物天然资源宝库"。华阳景区是陕西省继兵马俑之后推出的第二个国际旅游品牌，引领陕西旅游产业由文物旅游向生态休闲旅游过渡。

武侯墓位于勉县城南定军山下，是我国历史上杰出政治家、军事家、文学家、三国时期蜀汉丞相诸葛亮葬地。诸葛亮生前辅佐刘备建立蜀汉，官至丞相武乡侯，死后谥"忠武侯"。诸葛亮第五次北伐曹魏，因积劳成疾病逝于五丈原军中，263年，诸葛亮死后第29年，刘禅下诏立祠。当时因"建之京师，又逼宗庙"，故选祠址于定军山下武侯坪，祠靠近墓所。这是全国唯一由皇帝下诏并拨给银两修建的祠庙，故而有"天下第一武侯祠"之称。

武侯墓周围有定军山、少祖山及九道山岗环抱，墓前上岗三层，自定军山向西叠浪而来，约三里许至此成眠弓形，古称"三台书案"。从少祖山下六岗向东势若游龙，倏起忽落五六里，至墓后形成新月者半里

武侯墓，即诸葛亮墓，位于汉中定军山脚下。

许，传为墓之正脉。新月之下，眠弓之内，豁然开张，左右前后九支环抱，又如佛手，其天造地设实为人工所不能为！近墓四山，名曰"前书案梁、后笔峰山、左土地岭、右武山岗"，将武侯灵冢紧密围护。四山翠柏苍松、攒蔚川阜、遮天蔽日，难觅神冢。当我转过书案梁，前方豁然开朗，别有一番风光，盆地当中，高冢巍然，古建成群，异木修竹，古树森森……真乃山环水抱古木参天，四季如春风景宜人。

从汉中石门栈道走过，感受古人为了从秦岭上穿越留下的历史痕迹。这里被誉为"中国栈道之乡"，也是传说中褒姒的故里，有着丰富的人文和自然景观。在这里的山川峭壁上，还能看到很多凿孔，据说这些孔洞还是春秋时期留下的，在栈道走过时，会感觉非常紧张，因为完全是建立在悬崖峭壁的上面，真不敢想象古人建造栈桥时付出了多么惨重的代价！走到栈道的南端还能发现非常精美的十三方石刻，这是非常珍贵的历史记载，不妨花一点时间去了解一下，对这里的历史进行更深入的感知。

山河堰、五门堰、杨填堰均始建于西汉时期，被誉为"汉中三堰"，距今已有2200多年历史。它们是汉中盆地灌溉农业发展史上最具代表性的水利工程，共同灌溉汉中盆地汉江北岸主要区域，使汉中成为最早的"天

府之国"之一。"汉中三堰"成功进入世界灌溉工程遗产名录，为汉中新增了一张世界级的历史文化"金名片"。这是水的传奇啊！不禁又令人想起昔年曹操因讨伐张鲁抵御刘备两次进军汉中。传说：一天，曹操乘船进入褒谷，美妙绝伦的山水画在他眼前呈现，令曹操不禁感叹：这地方天堂一般，怪不得张良会选在这儿隐居！声音回荡在河谷之中，天地间于是乎增添了几许英雄豪气！曹操诗兴大发，挺立船头，用长矛在河面写下"衮雪"二字，意思是"水流滚滚如雪"，少去的"三点水"正是在向奔流不息的河水致敬，褒河水滔滔不尽，难道还在乎区区三点水吗？而今，"衮雪"二字已成为石门十三珍品之一，陈列在汉中博物馆，作为"魏武精神"的遗迹供人瞻仰。英雄早已逝去，曾经酝酿了英雄神仙、神话传说的汉江、褒河依然流淌在汉中的山岭之间、旷野之中。水，柔若无骨，却是一条坚韧的纽带，从上古时候开始直到现在，将缥缈历史与清澈现实、将汉中与巴蜀乃至更遥远的地方，紧密连接起来。

漫长的历史岁月中，汉中这片史称"天汉"的古老土地数度辉煌，为华夏文明乃至世界文明做出贡献。汉中是汉人兴盛霸业的奠基地，是比关中还早的天汉雄风向外辐射的中心。即使皇室地点在关中，但支撑汉室的支柱和文化灵魂却是从天汉汉中获得的。若把汉中比做天汉，但天汉又何止是高悬夜空中的银河，何止是勾连南北的纽带，何止是汉人、汉文化精神的象征！天汉这个词中所包含的雄豪内容，以及对于囊括天下，实现自身价值的期待与渴望，应是所有中国人永远企盼的精神食粮。当我纵身投入汉文化浓烈氛围中时，祈愿汉中作为海内外的一座典型的"诗与远方的"旅游城市，进一步拓展提升吸引力，焕发更加蓬勃的朝气与生机。

金山岭长城：遥远的东方有一条龙

遥远的东方有一条龙，"龙"的名字叫金山岭！33年过去，弹指一挥间。今天重游金山岭长城！

1986年第一次来此拍摄，登上金山岭长城倾心感受古长城的壮美与雄浑，便可体会一个民族的伟大与豪迈。其时，对这里的一切都感到新鲜和好奇，因而很有创作欲望和冲动。胶片时代不吝啬，拍了好几个胶卷，回京后从所拍作品中选出一张比较满意的，命名为《遥远的东方有一条龙》，当年竟"鬼使神差"地入选联合国教科文组织主办的亚洲摄影艺术展！因此金山岭是我的"摄影福地"！33年再没来，不应该啊！

金山岭长城是万里长城的精华地段，素有"万里长城，金山独秀"之美誉，位于河北省承德市滦平县境内，与北京市密云区相邻，距北京市区130公里。金山岭长城始建于明洪武元年（1368），为大将徐达主持修建。隆庆元年（1567）抗倭名将蓟镇总兵官戚继光、蓟辽总督谭纶在徐达所建长城的基础上续建、改建。1988年1月被国务院公布为第三批全国重点文物保护单位，1991年被国家颁布为一级旅游景点，国家级风景区。

放眼望去，在大约20公里长的金山岭长城上，设有大小关隘5处，2座烽火台，还可观赏到67座形态各异的敌楼。敌楼均为两层：下层有纵横六条拱道，可容六七十人；上层有一间供士卒站岗放哨、遮风避雨的小房，一个个建造得精巧别致。还有挡马墙、障碍墙、射击孔、投雷孔、瞭望孔等，设施齐备，布局合理。此外还有奇特的景观：仙山琼阁"望京楼"、惊险奇观"瘦驴脊"、高耸云天"登天梯"、举世称奇的"文字墙"、温泉、天泉、龟石、通天洞、大小金山等奇观异景美不胜收。

金山岭长城的军事防御体系极强，设有障墙、垛墙、战台、炮台、瞭望台、雷石孔、射孔、挡马墙、支墙、围战墙等，层层设防，可谓固若金汤。这里的长城构筑复杂，敌楼密布，一般50—100米一座，墙体以巨石为基，高5—8米，形式多样，各具特色。有砖木结构的，也有砖石结构的，有单层的，也有双层的，既有平顶，也有穹隆顶、船篷顶、四角钻天顶和八角藻井顶，可谓一楼一式，被誉为"万里长城，金山独秀"。

金山岭长城已经过四百多年，这期间它承受了地震、古代战争和现

金山岭长城这条"龙"，不飞则已，一飞冲天！

遥远的东方有一条龙（入选亚洲摄影艺术展作品）。

代战争炮火的催损。但是，由于长城沿线历代宝贵遗产，使它基本上保持了本来的面貌。文物工作者在金山岭长城上发掘出一千多件具有科学研究价值的珍贵文物。其中有明代守城将士作战用的武器弹药，如：火炮、石镭、手雷、刺马针、箭头、铁弹丸等；有守城将士日常的生活用品，如石臼、石杵、菜刀、油灯、陶罐、瓷碗、酒具、铜币、石磨、香炉等。尤为珍贵的是，在一座敌楼内发现了埋藏三百多年的五个石镭，里面装有一斤多明代火药，用火柴点燃，仍能起火，发出咝咝的响声。

金山岭长城按照戚继光提出的"因地形，用险制塞"的原则，随山势起伏而修筑，高下相间，突兀参差，蔚为壮观。凡是山势陡峭的地方，城墙就低一些；凡是山势比较平缓的地方，城墙就高一些。城墙下宽上窄，沉稳坚固。底部用三四层条石奠基，上部用长方形青砖包砌，白灰砌缝，墙内用土、沙、石填方。在内侧城墙的下部，每隔不远就设有券门，券门大多数设在敌楼附近。券门内有石梯或砖梯通过城墙顶部，遇有紧急情况，守城士兵可以从券门直接登上长城或进入敌楼，投入战斗。城墙顶部的马道，根据需要，宽窄不等，平均约为 5 米，均用双层大方块青砖铺面，可容六七人并行。马道每遇到大小陡坡，便用砖砌成梯行台阶，便于上下通行，不至于滑倒。这种马道建筑，在万里长城上是难得一见的。马道每隔二三米远，便设一条砖砌排水道，防止雨水冲刷或侵蚀墙体。排水道靠外侧一端，修一个镭石孔，守城士兵可以从镭石孔施放镭石，打击敌人。城墙顶部靠外侧的一面，用砖砌成高 2 米的垛墙，垛墙每隔一米多远便设一个垛口，守城士兵可以从垛口射击来犯之敌。垛口上有一个小洞，小洞有两种用途：一是明代从外国引进一种叫佛朗机的武器，佛朗机下面有个轴，把轴插在小洞里，可以转动作扇形射击；二是用来插军旗助威，或以旗作为传递敌情的信号。城墙顶部靠内侧的一面，用砖砌成高 1.7 米的宇墙。宇墙上设有上、中、下三层射击孔，可供士兵以立、跪、卧三种姿势射击来犯之敌。

金山岭长城城墙上有数以百计的文字砖，这在万里长城上还没有发现过第二处有这么多的文字砖。文字砖上记载着烧制城砖的年代和部队番号，如"万历五年山东左营造""万历五年宁夏营造""万历六年振虏骑兵营造""万历七年德州营造"等字样。也有少量万历十二年、万历二十二年的文字砖。还有隆庆三年、隆庆四年为主持修筑长城的戚继光等部队将领和支持修筑长城的地方官吏而竖立的石碑。另有一块石碑的碑文中，记载着修筑一座敌楼的时间是万历三十七年，规格是周长 26.7 米、高 9 米，顶部盖铺房一间，施工部队是宁山营。这些文物可以佐证：金山岭长城确系戚继光主持修筑，动用了从山东、宁夏、河北、北京、江西等各地调来的军队，各兵种，并有统一的标准，明确的分工，严格的质量检查，同时得到地方官吏的大力支援。也可以佐证，继戚继光主持修筑金山岭长城以后的数十年，明王朝不断派兵遣将加以修缮。总之，金山岭长城的风景名胜、文物古迹、军事设施、古建筑艺术、民间传说，都有很高的观赏价值和科学研究价值。

金山岭长城可圈可点的地方很多很多。

金山岭长城还有动人的传说：山下有一个村庄，村庄里有一个美貌的姑娘，那脸盘长的就像春天盛开的一朵桃花。因此人们都叫她桃春姑娘。桃春姑娘不仅长相出众，而且心地善良，明白事理。当她看到修长城的将士们为了保卫边塞，让黎民百姓过上安居乐业的好日子，而冒着酷热难当的大旱天，坚持每天修长城，连喝水都很困难时，打心眼里感激和同情。后来，她就每天翻山越岭，到很远的地方去背山泉水，给将士们解渴，一连七七四十九天，不管多累，也不肯休息一天。

这一天后晌，修长城的将士们又累又渴，盼望桃春姑娘送水来。可左盼右盼，一直盼到太阳偏西，也不见桃春姑娘的身影，大伙儿着急了，有人担心她病倒了。后来大伙儿便分头去找，找遍了每一处，终于找到了。原来，桃春姑娘背水走在悬崖边的羊肠小路上，由于过度劳累，背水又多，走起路来不稳，一步失足，掉在悬崖之下。当将士们在悬崖下找到她的尸体，看见那水桶还被死死地抱在怀里，一个个都感动得流下眼泪。为了怀念这位桃春姑娘，将士们把她埋葬在金山岭长城西端的一条沟里。在沟里又栽上满满一沟桃树，并把这条沟取名为桃春沟。长城修好后，又把桃春沟上坡的一座敌楼取名为桃春楼。把桃春楼跟前的一个重要关口，取名为桃春口。

关于桃春姑娘为修长城将士背水的故事，是民间的传说。但是，桃春楼、桃春口和桃春沟，却实际存在。如果游人前来游览金山岭长城时，请你从砖垛口登上长城，然后顺着长城往西走，越过敌楼、西梁砖垛楼、五眼楼、五名楼、西岔楼，见到一个关口，就是桃春口。紧靠桃春口那一座双层敌楼，就是桃春楼。桃春楼北面那一条大沟，就是桃春沟了。

数风流人物，还看今朝。金山岭长城脚下的周庄子村，范振启为了战友的一句承诺，放弃部队提干回到家乡，挑起村支书的重担，一干就是25年。他帮理不帮亲，为收村里的陈欠款，拉走了本家三叔的驴；为保护生态环境遏止乱砍滥伐，按章处罚本家堂弟；为收取村集体的提留款，与发小产生分歧，致使两家娃娃亲一刀两断；为收回村集体的铁矿，不顾家人反对，劝说亲哥哥带头交矿。范振启一心为公，但为了不让被罚款的三叔为难，他拿出自己的复员费代缴；为给五保户周奶奶治病，他让出父亲的病房；为了达成村里与哥哥中外合资的项目合作，他宁愿避嫌辞职。范振启与血癌抗争了十几年，仍然奋斗不息，带领乡亲们将"一穷二乱三散"的旧村落变成了富饶和谐的社会主义新农村。

"爱我中华，修我长城"，金山岭长城经历了四百多年历史风雨的考验，在地震、古代战争与现代战争的摧残下，长城仍能得以保持基本面貌，这是长城沿线历代劳动人民珍惜和爱护的结果，也体现了人们向往和平的美好愿望。在20世纪改革开放的火红年代，进行了大规模的维修，金山岭长城被开辟为旅游景点，引得海内外大批游客不断涌来，虔诚游拜。正是：不到长城非好汉！不到金山岭长城，非好汉之好汉啊！

交城的山来交城的水

"交城的山来交城的水，不浇（那个）交城它浇了文水。交城的山里没有好茶饭，只有（那个）莜面烤栳栳，还有那山药蛋。灰毛驴驴上山，灰毛驴驴下，一辈子也没有坐过那好车马……"

听着这首脍炙人口百听不厌的《交城山》民歌，从 1974 年 10 月到 1976 年 10 月，我在山西吕梁交城义望村插队落户当农民，度过了难忘蹉跎的知青岁月。至今，那时情景，仍历历在目；那时乡愁，依缕缕绕心！交城是我的第二故乡，交城时时牵挂在我的心上。

山西籍著名歌唱家郭兰英一曲"交城的山来交城的水"，唱出了地地道道的山西民歌味儿，唱出了交城的秀美山水。不登山，不知山高；不涉水，不晓水深；不赏奇景，怎知其绝妙？读万卷书，还须行万里路。

交城历史悠久，人杰地灵，自隋开皇十六年（596）至今已有 1400 余年的建县历史。春秋时期，晋大夫狐突以"教忠不二，杀身成仁"的大节不夺之气而名垂青史；其子狐偃以"信义立国、师直为壮"的雄才伟略佐晋文公成就一代霸业；北魏孝文帝拓跋宏以一国之君因祖母丧而居忧避政的孝举传颂万代。他们以各自的人文品格在交邑大地上完成了足以震烁古今的精神构建，从而成就了中华民族忠、孝、义、勇的文化图腾。

秦汉，交城是汉王朝皇家军马基地；宋朝，交城为全国冶铁基地；

明清两代，交城又是全国著名皮货加工集散地，素有"交皮甲天下"之称，驻外洋行 10 余家，县城大小商号 250 余座，商铺林立，巨贾无数，号称"交城商帮"，成为缔造晋商辉煌的重要组成部分。几个世纪以来，超浓度繁荣的文明积累，构成交城清风气朗、昌明隆盛的人文氛围。史载："交虽山邑，而幅员之广几五百里，士则淡文讲艺，农则犁涧开荒，商则贸迁异域，工则习于皮革。野无游民，山无弃地，生齿日以繁，衣食日以足。"

烽火岁月，抗战关头，交城作为晋绥边区战略要塞和前沿阵地，发挥着极为重要的枢纽和门户作用，晋绥边区八分区长期驻扎交城山区坚持对敌斗争。老一辈无产阶级革命家周恩来、刘少奇、彭德怀、刘伯承、贺龙、习仲勋等都在此留下战斗身影和革命足迹。曾担任党和国家重要领导职务的华国锋、原山西省委书记李立功等交城优秀儿女，以及侯维煜、康世恩、罗贵波等长期工作和转战在交城山，众多革命先烈在战斗中牺牲，用鲜血染红这片沃土。在艰苦卓绝的战争年代，交城人民不屈不挠、浴血奋战，涌现出段祥玉、崔三娃等特等民兵战斗英雄，与吕梁人民共同谱写了《吕梁英雄传》的不朽篇章。

交城山川秀美，风光秀丽，荣膺"千年古县"誉称。拥有蜚声中外的净土宗祖庭玄中寺、以山形卦象而闻名于世的卦山天宁寺两个国家 4A 级旅游景区。有着国家级自然保护区庞泉沟、关帝山国家森林公园、云顶草甸四十里跑马堰风景区；上古文化遗址范家庄、瓦窑、磁窑；明代官兵、农民起义军兵寨遗址靖安营、三座崖；狐爷山春秋古墓群落；吕梁英雄广场、晋绥边区八分区革命历史纪念馆红色旅游等自然人文景观。这些弥足珍贵的自然、历史文化遗产交汇融溶，蔚为大观，形成了多维文化综览与多元景观内涵的三晋旅游名胜。

特别值得一提的是，交城庞泉沟一带乃全国八大鸟类保护区之一，是世界珍禽、山西省省鸟褐马鸡及国家一二级保护动物黑鹳、兔狲、金雕、猞猁、林麝、猕猴、金钱豹等数十种稀有动物繁衍栖息地。交城突出的区位优势，丰富的物产资源，得天独厚的自然禀赋，使其在三晋表里河山和华北广袤大地资源经济格局中发挥着日益重要的作用。

记得我在义望插队时，旅游对中国人来讲还是个很奢侈的事，卦山虽然近在交城县城北3公里处，但真要去耍一趟又谈何容易。机遇巧缘，当时交城县文化馆举办文学创作学习班，我因为在省里和吕梁地区报刊上以知识青年名义发表过作品，就被选拔参班了。开班学习几天后，有天大家晚饭后闲谈竟然不约而同说起"要是能组织去卦山参观一次该多好啊"！意想不到的是这一"卦"还真算准啦。次日早饭后开班学习前，时任文化馆馆长、著名交城民间曲艺家张有洛笑嘻嘻地走上讲台向学员们宣布："星期天安排大家上卦山采风。"赢来了一片掌声！

这个张馆长可不是一般人物，在这里我必须"浓墨重彩"一下： 交城叮叮呛源于"拉洋片"，是1972年由交城县文化馆张有洛馆长在原基础上进行改革而来的。改革后的叮叮呛为坐架脚踏式，坐架内装置木梆、手锣、小镲、小鼓、木鱼5件打击乐，用双脚踏动踩板表演，表演者坐于其上演奏弦乐，文场武场，说、拉、打、唱集于一人。由他创作并与武秀兰合演的叮叮呛《吕梁人民学大寨》，1973年被推选出席山西省曲艺调演，荣获表演第一名。接着又在1974年参加华北曲艺调演，为省、地、县都露了脸，争了光。交城民间很早还流行一种"四六句"口头艺术，句式可长可短，押韵顺口。用方言土语演说，风趣幽默。这"四六句"在20世纪60年代也是经县文化馆张有洛整理改革，发展成为独具特色的"交城顺口溜"。初期，顺口溜沿袭民间传统，方言土语入韵，题材多以农村生活为主。后来逐渐以普通话入韵，扩大了听众范围，代表作有张有洛创作的《怕茶壶》《双送子》等。张有洛是个有才情、接地气、懂业务的好文化馆长。我参军后从事新闻报道文学创作，从他"踏石留印"

的那股子劲头中获益匪浅。

就这样开始了"卦山之旅"，我现在回望盘点一下，这大概应是我人生正式旅游的开端之举吧。它是在交城发生的，交城有恩于我啊。

位于吕梁山东麓，卦山因群峰环列形同卦象而得名，满山的松柏树千姿百态，郁郁葱葱。这里创建于唐贞观元年（627）的天宁寺、铸铁碑、毗卢阁、唐槐等景点，融自然风光与千年古刹为一体，宋代书画家米芾曾将它跻身于三山五岳之行列，称誉为"第一山"。天宁寺是卦山诸多寺庙中创建最早、规模最大的佛教寺院。相传中国佛教华严宗初祖法顺曾在此山讲经说法而建寺，后不断扩建成为唐代华严宗巨刹。明清时增建圣母庙、卦山书院、朱公祠等，殿堂楼阁，鳞次栉比，成为规模宏伟的古建筑群。

游一处风景，寻一处特色；见一处特色，悟一片心得。

这不游不要紧，一游啊，县文化馆这期创作班的学员都说长见识了，旅游是生活中的乐事，带来欢乐无穷无尽。这次愉快的集体旅游走向自然，陶冶情操，让我终生难忘。看到大家创作热情高涨，张有洛馆长喜在心头，让大家更惊喜的是，在学习班结束的前一天，文化馆再安排学员去距离县城西北 10 公里的石壁山玄中寺采风，这安排让人乐巅了，这是让我们开阔眼界，增长见识和见闻，通过旅游，亲眼去观察更丰富的人文景观，了解更细节的文化风俗和宗教信仰，以利创作。

以至于几十年后的中国"两会"期间，当我报道文化部与国家旅游局合并，职责整合，组建文化和旅游部，采写"文化旅游深度融合跨进新时代实现新作为"专稿时，我还不禁想起上述往事，那不就是最早的"文旅融合"吗？

玄中寺始创于北魏延兴二年（472），建成于承明元年（476）。因此地层峦叠嶂，山形如壁，曾名"石壁寺"。从北魏到隋唐，先后有昙鸾、道绰、善导三位法师在此住持，开创并发扬净土法门体系，弥陀净土信

玄中寺位于交城县西北10公里处的石壁山上,在当代中日佛教关系中,占有重要地位。

仰从士人阶层迅速向中国民间流传,进而开宗立派,并远播朝鲜、日本。玄中古寺成为继庐山东林寺之后,中国佛教净土宗的又一个祖庭,是中外佛教文化交流与佛教信徒朝拜、集聚之地和著名的风景名胜旅游区。

一般的寺庙都以开阔宽敞著名,玄中寺不然,寺庙依山而建,陡峭的山体没有留下多余空地。但在此屹立长达1500年的寺庙始终香火不断,实在令我敬畏。此寺是少数民族拓跋氏杰作,比起云冈石窟还要早30多年。从形式上看仍然是依山而建,挺拔、险峻、巍峨、缜密是其主导风格,让我联想到浑源悬空寺等北魏时期建筑,想到那个时期的建筑思想和设计理念。

北魏年间的昙鸾大师曾在玄中寺谈佛讲法,并开创佛教净土门派。昙鸾大师是山西雁门关人,著有一生佛教论著中最具权威性的《往生论注》,其两名弟子道绰、善导继承其学术理论,为净土门派开创立下汗马功劳。后人把这三位誉为"玄中寺里三巨人"。唐朝佛教传播达到一个鼎盛时期，日本高僧圆仁法师来中国传道，之后接受净土门门派，并且把这一门派学说带回日本传播。据悉日本有8000多万佛教信徒，其中一半信徒实修净土宗，基于此缘故，玄中寺和日本结下源远流长的情谊，在推动中日两国文化友好交流方面功不可没。

再次重返交城，是我从军队转业到地方工作，环绕澳洲穿越美洲推出几部文旅专著的若干年后。正是白云苍狗、弹指一挥啊！这时旅游在中国已是红红火火，如日中天。旅游几乎已成寻常百姓家庭的必备"科目"。

我当年的插队地交城而今已是在大力发展全域旅游了。

为推进全域旅游发展，打造"山水交城、诚交天下"品牌，交城成功举办了五场大型旅游宣传推介活动。一场代表吕梁参加第二季"人说山西好风光"电视竞演，县委书记、县长亲自上阵推介交城旅游，全域旅游吉祥物"褐小美"惊艳亮相。二场组团参加第三届山西文博会，全省唯一单独设馆参展，推出40件文旅双创产品和数十种非遗产品，得到山西省、吕梁市领导的高度赞扬。三场成功举办"醉美交城山、梦幻庞泉沟"全国摄影大赛，通过镜头将交城山水推向全国，进一步提高了交城的知名度美誉度。四场举办"唱响交城山"暨卦山、玄中寺创5A景区推介晚会，全面展现交城全域旅游的崭新形象。五场举办"万亩黄芥花"摄影节，"八月交城看花海"成为省内外游客的热衷"网红"和首选"打卡地"。

交城紧紧抓住入选全国第二批全域旅游示范区创建机遇，将旅游产业作为第一大产业全力推进，通过完善顶层设计，加大品牌创建，强化宣传推介，狠抓基础建设，交城探索并形成了推进全域旅游发展的新路子。

交城确立了"全域旅游"发展战略，将旅游业作为经济发展的重要引擎，推进旅游业转型升级、提质增效，促进旅游关联产业深度融合和全社会共同参与，构建新型旅游发展格局。结合平川与山区旅游资源各异的实际，将"全域旅游"与休闲农业和乡村旅游联手，以"一圈一带"构建起山上山下遥相呼应、自然人文相映生辉的大旅游格局，"一圈"是平川区130多平方公里打造了10个旅游景点，"一带"是依托交城山庞泉沟自然保护区的自然山水风光，开辟出生态绿色旅游带。接着是致力于"三全"布局："全群体体验"是以老年康养、中年户外拓展训练、青少年夏令营为依托进行；"全角度开发"是建设生态、康养、度假、游乐、文化、工农业立体交融式组合景区；"全方位服务"是完善基础设施，强化服务功能，优化内部环境，全面力促旅游产业升级和可持续发展。

交城扬自己的产品特色，创新开发文旅新产品。"交城窑"曾属唐代名窑，在我国陶瓷史上占有重要地位，在此基础上，新出产的瓷器作品在省文博会上一亮相，好评如潮，唤起了几代人对交城的记忆。同时，对交城雕刻、旺英堆锦、琉璃咯嘣等非遗系列产品开发，也形成了多样性、全季性旅游产品体系。为适应全域旅游需要，交城成功培育出了羊肚菌、白木耳、猴头菇等高档菌类采摘新品种；依托交城骏枣地理标志优势，带动红枣产品加工向多品种系列化拓展；依托全省最大野生中药材基地，投产了1万亩特色中药材种植基地。这些以"交城山"为品牌的农特产品，很快随着"旅游热"一起热销起来。

交城狠抓基础建设，满足全域旅游服务新需求，打造出四个游客服务中心，其中的"交城创谷"被省发改委认定为山西省首批省级双创示范基地，是文旅产品集设计研发、生产加工和会展销售为一体的创新产业园。在交城高速口设立了"马踏飞燕"旅游标志性牌识和交城全域旅游宣传形象堡垒，以扩大全域旅游知名度。真抓实干进行"厕所革命"，17座旅游厕所全面开工建设，社会福利院养护楼和旅游大通道建设上马实施，旅游服务能力和全域旅游交通框架基本形成。交城还与时俱进搭建了智慧旅游信息系统，先后开发出智慧旅游综合调度指挥系统、分析与决策系统、交城旅游综合服务 APP、山水交城官方门户等服务应用系统，"互联网＋旅游"新模式满足了全域旅游多样化、细分化、专业化、差异化、快捷化需求。

一时间，交城迅速成为全省乃至全国游客瞩目追捧的旅游目的地。

旅游是朝阳产业。交城县旅游业的发展带动了景区其他产业的崛起，庞泉沟陆续推出一批乡村旅游景点，发展了 200 余家"农家乐"项目，让游客既可游览青山绿水，还可领略田园风光、古村风韵。在交城漂流、爬山，享受水边嬉戏的野趣，感受原始森林深处的魅力，吃一桌健康营养的"农家菜"，品一壶香醇的"农家茶"，睡一睡正宗的乡村土炕……这种回归自然从而获得身心放松、愉悦精神的旅游休闲方式受到了游人的格外青睐。

旅游的动机是多元的，我的交城游是来"圆"我知青的乡愁。但文化才是旅游的核心和灵魂。旅游是一种优雅的文化行走，旅游是一种和

交城庞泉沟秀美风光，这里是中国特有珍禽褐马鸡栖息地。

交城山水的磅礴气势。

谐的心理调节，旅游是视野的拓展，是知识的寻觅，是生命的追求。

细细盘点交城的旅游业，可谓是芝麻开花节节高。交城，这座古老的历史文化名城，正在向世人展示其独特的地域山水无穷魅力。

那我就斗胆为古老的《交城山》民歌新填一下歌词：

"交城的山来交城的水，绿了（那个）交城美了文水。交城的大山里都是好茶饭，只是（那个）莜面烤栳栳，成了那金疙蛋。红旗轿车上山，奔驰吉普下，一辈子坐过的都是那好车马……"

晋善晋美走晋城

太行山与黄河中下游平原连接处，太行、太岳、中条三山在此交汇，沁河、丹河奔腾而过，晋城就位于这三山两河的环抱之中。

我印象颇深的是，晋城很早就提出了"文化山水游"这一概念，认定要做大做强旅游文化产业，就应该抓住"山水为形，文化为魂"这一核心，把旅游产业的文化内涵充分地挖掘出来和宣传出去。在晋城采访时，分管旅游的一位领导对我说：要讲山西旅游，五千年文明看山西，更多的是历史文化游。在山西北部看宗教文化，有云冈石窟、五台山、应县木塔等；山西中部看晋商文化，有一系列的晋商大院；山西南部看尧舜文化、大槐树根祖文化。而晋城给予游客的是真正的文化山水游，这里不仅有深厚的文化积淀：女娲补天、神农躬耕、愚公移山、精卫填海等神话发生于此；舜耕历山、商汤祷雨等故事也发生于此。这里还有炎帝神农尝百草故地羊头山、长平之战古战场，有世界围棋发源地棋子山。有皇城相府、柳氏民居、湘峪古堡、上庄等极具特色的古城堡、古村落。晋城全市拥有古文化遗址63处，国家级重点文物保护单位43处。现存宋、金时期基本保存完好的木结构古建筑46处，占到全国的1/3。

晋城还有得天独厚的太行山水：有被誉为"太行至尊"的王莽岭，有以瀑布群、红豆杉、猕猴闻名的蟒河自然保护区，有赏月名山——珏山，有七彩世界黄围山，有皇冠明珠历山，有九女仙湖、凤凰欢乐谷，有勤泉云台山，还有数不尽的太行大峡谷。太行美景使得山水和文化相得益彰。由于到王莽岭早已经有了高速公路，我驱车不到一个小时就从晋城到了王莽岭景区。"不登王莽岭，岂识太行山？天下奇峰聚，何须五岳攀！"时任景区总经理吟诵着豪放诗句，引领我登山爬坡，徜徉太行云顶。他指点河山，颇自豪地说道：太行山把最美风光给了南太行，而南太行最美风光在王莽岭，王莽岭是八百里太行山最典型的自然风光作品。王莽岭景区位于陵川县，这里的云海、日出、奇峰、红岩大峡谷、石林、松涛、大瀑布，看后让人如醉如痴、流连忘返。登上王莽岭，还可以看到典型太行山风光——悬崖绝壁。看地壳运动撕裂了太行山，形成几条长长的大峡谷，从峡谷顶峰往下看，800米红色的、垂直的、像刀劈一样的丹崖石壁尽收眼底，耳边是连绵不绝的松涛。曾有位省里的领导同志来此考察后赋诗称赞："万峰竞秀山色苍，雨过千嶂云海茫，丹崖百丈绝景色，王莽风光甲太行。"

晋城有这么好的文化山水资源，但是过去推介不力，开发不够。后

不登王莽岭，岂识太行山？天下奇峰聚，何须五岳攀。

来，晋城把旅游产业作为转型发展的重点产业，明确提出"加强旅游合作，增强旅游休闲产业的覆盖面，打造'太行山文化旅游'精品，把晋城建设成晋东南及中原经济区的生态旅游文化中心和休闲娱乐度假中心"。同时，晋城市狠抓以下几方面工作：一是编制好《晋城与中原区域旅游战略合作规划》，深度融入中原市场；二是加大重点景区开发提升力度，着力推动陵川休闲旅游健康度假目的地建设；三是完善旅游配套设施，打造精品旅游线路，开发特色旅游产品，促进旅游与文化的深度融合；四是利用晋城在央视黄金时段城市形象广告的推介效应，大力拓展旅游市场，促进旅游业有一个快速发展。

这个"快速发展"首先表现在对"文化山水游"的强势宣传与推介上，晋城市政府专门在北京隆重举行城市旅游推介暨招商会，重点推介全市旅游形象和皇城相府、王莽岭、珏山、蟒河4家景区，发布21个发展潜力大、投资回报率高的旅游项目。推介招商会上，除签订招商项目协议之外，同时还签署了游客输送协议。晋城市举办旅游推介招商会的目的，就是更加注重文化与旅游的互动融合，吸引各界进一步了解晋城、认识晋城，到晋城旅游、来晋城投资兴业。

晋城是改革开放后崛起的一座新兴城市，是山西对外开放的桥头堡，也是山西最美丽富饶的地方。晋城的经济社会发展、生态环境建设一直位居山西前列，在实施"文化强省"战略中，山西的转型发展有两个重要抓手：文化是山西转型发展的重要方向，旅游是山西文化转型的有效突破口。在山西全省推进转型跨越发展这个大背景下，晋城的转型力度是很大的。晋城过去主要是靠资源吃饭，是中国无烟煤储存量最大的地方，转型对晋城来讲是重中之重，发展新兴产业，才能摆脱以往对资源的过度依赖，再造一个新晋城。

晋城的与时俱进就在于，产业转型之后，把对文化旅游的传播与品牌塑造放在了一个重要位置。晋城要实现文化产业的大发展，品牌塑造是必然之选，而广告是塑造品牌最基础、最重要的工具，没有广告，树立品牌就无从谈起。晋城市坚持把旅游业作为转型跨越发展的支柱产业来打造，针对以往对外宣传不够，城市知名度和影响力不高这一制约转型跨越发展的瓶颈问题，筹划拍摄了以"山美、水美、人美，晋善晋美，山西晋城欢迎您"为主题的城市形象宣传片；分别在北京、焦作、新乡等城市开展旅游推介活动；以泽州府城玉皇庙的二十八宿雕塑为原型，与央视动画公司联合制作了大型原创动漫片《大耳朵爷爷历险记》首部52集。接着，成功竞标央视一套黄金时段广告，从2012年起播放晋城的城市形象宣传片。央视黄金时段城市形象广告带来巨大推介效应，大力度的传播与品牌塑造让晋城美景开始走出大山，蜚声海内外。提升了晋城知名度，推动了文化旅游经济快速发展。

地处晋城阳城的蟒河生态旅游景区，曾举办过"相约蟒河，传播美丽"世界旅游小姐中国年度冠军总决赛。通过美丽使者的选拔，展示了中国旅游之美、展示了三晋山水之美、展示了阳城风情之美、展示了千年文化之美。我在采访蟒河生态旅游景区的老总时，他表示：举办这个活动，是国际时尚元素与蟒河生态文化的完美结合，对于进一步推广"晋善晋美"山西旅游品牌，提升蟒河景区形象有着非同寻常的意义和价值。阳城古八景析城乔木、九女仙台、修真古洞、灵泉松月、沁渡扁舟、海会龙湫、盘亭列嶂、莽山孤峰镶嵌在多情的山水之间，而莽山孤峰所在地蟒河旅游风景区更是以水清如碧玉，山秀如诗画的"北方小桂林"之美称而享誉全国。阳城作为旅游资源大县、旅游发展强县，旅游资源具有数量多、种类齐、品位高、发展潜力大的特点。

我还接触到一个转型之后做好传播与品牌塑造的典型——皇城相府。皇城相府十分注重营销，与皇城相府合作的旅行社多达几千家。他们除精

中国北方第一文化巨族陈廷敬之宅皇城相府外景。

心设计印制宣传单、导游图、风光 DVD 等传统印刷品外，还在央视等多家媒体投放广告，并制作注册了"皇城相府"旅游网站，对皇城旅游形象和品牌的树立都起到积极推动作用。景区投资赞助《康熙王朝》的拍摄，并推出"看康熙王朝，游皇城相府"的宣传网红热语，迅速得到市场认知。之后，《别拿豆包不当干粮》《文化站长》《契丹英后》《关中女人》等 20 多部大型影视剧先后在皇城相府取景，使皇城相府成为著名的影视拍摄外景地。皇城相府在北京设立文化传媒公司，用现代传媒对皇城相府品牌进行策划包装，努力把皇城相府文化生态旅游区打造成一个世界文化交流旅游目的地。皇城相府的开发，不仅仅改变了财富积累方式，更使皇城人生活方式、思维方式发生质的变化，那就是，从种地的农民转化成为有知识、有现代意识营销文化旅游的人。

我在太原参加《转型、跨越、发展——央视助推山西品牌快速发展高峰论坛》时，晋城市的代表作为特邀嘉宾与会，并以"以央视媒体平台为依托，深度推介城市形象"为题，发表了精彩演讲，指出央视的优势媒体资源为晋城的转型发展提供了不可或缺的平台。搭载"晋善晋美"宣传快车，位于泽州县的珏山景区成为最大受益者之一。而今，当我探问好几位天南地北的旅游者"珏山为何地"时，那回答的叫个流畅而精炼："中国赏月无双地，晋魏河山第一奇"。搭载"晋善晋美"宣传快车，蟒河的钙化峡谷景观尽情展示着秀丽的仙山碧水，深山里的农民也切切实实收获到了实惠。我对蟒河秋树沟的一位村民进行访谈，这位勤劳、朴实、憨厚的山里汉子说：自从中央电视台播出"晋善晋美，尽在晋城"宣传片以来，我们蟒河的游客一天比一天多，天南地北，海内海外，哪儿的都有。游客增多，我家在景区摆摊的小生意就比往年红火多了！感觉是山货好卖了，挣钱容易了，我家的小日子就像芝麻开花节高，越来越好！

　　丰富的自然景观和深厚的人文内涵是晋城旅游业发展的重要战略资源，要把旅游产业作为晋城国民经济重要支柱产业，作为带动现代服务

有"晋魏河山第一奇"之美誉的中国赏月名山——珏山。

业发展的龙头，作为带动晋城人民勤劳致富的富民工程来培育，这已经成为晋城人的共识。因此，健全旅游服务体系，培育品牌旅游景区，提升晋城旅游产业的核心竞争力，把晋城建成太行山主要的旅游目的地，这一切要素构成了今天的晋城新形象。

晋城旅游火起来了，得益于晋城高度重视与专业文化传媒公司的深度合作，利用他们在创意策划、专业经验、影视制作、公关活动、平面设计等方面的优势，推动晋城旅游业的快速发展。他们紧紧围绕"山西转型看晋城，晋城模式耀全国；一座抢抓机遇、转型崛起的新型城市化典范"这样一个主题，以整合旅游资源，提升产品的创意和质量，进而打造旅游强市，让旅游成为拉动晋城经济增长的重要产业为目标。确定了依托强势媒体平台传播品牌文化，以产品形象内外升级、渠道网络横纵结合、传播策略推崇主流、铸就核心竞争力的宣传方案，总而言之，就是充分利用央视在制造广告效应的商战中具有的品牌稀缺性、频道的多样性和差异性强力宣传晋城旅游品牌。

晋善晋美走晋城。我临别时，把此番"纪行"最"硬核"的感慨记录在案：旅游离不开文化，文化是旅游的精神内核。旅游离不开广告，好酒也怕巷子深。开启"晋善晋美"的宣传快车，有助于深入挖掘和充分展示晋城特有的旅游资源优势，在海内外塑造晋城特有的旅游形象。晋城的旅游文化产业要在进一步完善自身功能的同时，做好高水准的推广，通过旅游战略的逐步实施，夯实新的经济增长极，进而推动晋城旅游产业做大做强，为晋城全力建设中原地区最具影响力的旅游城市奠定坚实的基础，插上腾飞的双翼。其终极目标就是一个：打造一张晋城城市的亮丽名片，在旅游时代走向美好未来。

从中国北方第一文化巨族陈廷敬之宅皇城相府走出，蓦然回首，晋城就在那灯火阑珊处，尽善尽美，尽在晋城。

吕梁山上的红色文物收藏家

红色文物收藏在中国风靡已久。

在中国艺术品收藏中，有一门特殊的、最具中国特色的收藏，这就是红色文物收藏，它承载着收藏者对历史的崇敬和对往昔的缅怀。依托红色文物收藏，结合建党、建军、建国、抗日战争、解放战争胜利等重大历史事件，坚持与"中国梦"、社会主义核心价值观学习教育相结合，红色文物收藏发挥了传承红色基因、弘扬优秀传统的重要功能。这些年来，红色文物收藏塑造成了响亮的品牌，知名度、美誉度不断提升，已经成为深受广大群众特别是青少年喜爱的参观学习内容之一，红色文物收藏同时带动并丰富红色旅游的强劲发展，推进爱国主义和革命传统教育大众化、具体化、常态化。

我的吕梁朋友，现任晋绥文物史料馆馆长、晋绥边区文化研究院院长的郝宏武，就是这样一位不断给时代输送正能量的人。山西省民俗博物馆曾为他举办"历史的足迹——郝宏武红色收藏展"，展品大多属于首次亮相的晋绥红色文物，随即在社会各界引起强烈反响，郝宏武因而被誉为"红色文物收藏家"。应该说，我与郝宏武的相识，就是红色文物牵的线。吕梁曾是我当年插队落户当知识青年的地方，我对那里情牵梦绕，充满乡愁。几十年后，当我满怀深情重返第二故乡，我的眼睛是不够用的，

吕梁山上的红色文物展让人们牢记使命，不忘初心，开拓奋进。

多少美好回忆吸引多少灼热目光，而就我来说，我的目光却被吸引落在了吕梁红色文物收藏家郝宏武所收藏的林林总总的晋绥边区红色文物上！

　　郝宏武在吕梁山下黄河岸边长大，这里就是曾经的晋绥边区。1937年抗日战争全面爆发后，根据国共两党达成的"停止内战，一致抗日"协议，八路军主力开赴抗日前线，贺龙率领的120师开辟了晋绥边区革命根据地，包括晋西北、晋西南、大青山地区（绥蒙区）三大块。在与日本侵略者和国民党反动派复杂斗争的残酷环境里，这块根据地时大时小，最大时北达绥远省百灵庙，南至黄河风陵渡、大青山、管涔山，吕梁山纵贯全境。

　　晋绥边区是在中国共产党领导下，八路军、山西新军依靠地方各级党组织、山西"牺盟会"、"战动总会"以及广大人民群众的大力支持，在华北敌后创建的四大抗日根据地之一，是阻挡日本侵略者向西进入陕甘宁地区和党中央所在地延安的一道坚如磐石的屏障，具有重要战略意义。

贺龙率领晋绥军民在这里展开抗击侵略者的英勇战斗，军民团结铸就了抗敌胜利的钢铁长城。1937 年 10 月下旬，已占据大同的日军向南进犯太原，120 师各部在雁门关附近连续战斗 20 多次，击毁日军运输车数十辆，歼灭日军 2000 多人，切断了敌人的交通伏击线，有力配合了忻口会战；1938 年春，日伪军 1 万多人进攻晋西北，120 师根据毛主席的电报指示，采取避其锋芒、各个击破的方针，歼灭敌人 1500 多人，收复了被日军占领的晋西北 7 个县城；从 1940 年到 1944 年，日军每年都要对晋绥根据地进行大规模扫荡、残酷围剿，而我军民协同作战，利用游击战术打退敌人一次又一次的疯狂进攻……

有一种精神激荡人心。晋绥号称"小延安"，烽火岁月的 11 年间，晋绥作为延安的屏障、大后方，抗日战争的主战场，确保了延安的物资需求，始终未让侵华日军越过黄河。晋绥边区根据地不仅在军事上形成了保卫延安的屏障，而且也是基本战争物资供给地。在极其艰难困苦的条件下，边区人民倾家捐粮捐物、出人出力，毫无怨言。兴县蔡家崖以

蔡家崖纪念馆位于兴县城西 17 华里的蔡家崖村，抗日战争和解放战争时期，晋绥边区行政公署和晋绥军区就设在这里。

西 15 公里黑峪口附近，兴神大桥横跨晋陕大峡谷，而当年运往陕北的粮食、衣物等物资完全靠渡船摆渡。渡口不仅是通往陕北的重要物资通道，而且还是延安与华北、华东、华中等抗日根据地联系的交通枢纽，是延安与莫斯科联系的国际通道，党内重要文件、信件和频繁更换的密电码，都要经过这里传递。1 万多名党的干部包括党的高级领导人，也是经过这里，在交通人员的护送下，安全到达目的地。抗战胜利，解放战争烽烟再起。晋绥边区不仅完成好本地作战任务，而且调集大批人力、物力，有力支援全国的解放战争。当时，整个晋绥边区南下干部达到 1.1 万多人，与此同时，还有 10 万多名青年参军开赴前线。

特别值得一提的是，毛泽东同志对晋绥边区的军政工作始终高度重视，1948 年 3 月 23 日至 5 月 26 日，他从陕北东渡黄河转移到河北西柏坡时，途经蔡家崖村，停留了 11 天，发表了著名的《在晋绥干部会议上的讲话》和《对晋绥日报编辑人员的谈话》。《讲话》阐明了党在新民主主义革命时期和土地改革中的总路线和总政策，对于指导全国各解放区工作，具有重大意义；《谈话》则生动鲜明阐述了党报的任务、办报方针、党报风格、党报工作者的修养等几个基本问题，是党报新闻理论的基石，至今仍然具有重要的现实意义和指导意义。

试想一下，在这样一片神奇土地上诞生的红色文物，有着多么深刻的教育启示作用，该是何等珍贵的价值连城！因为，这里遍地是故事，到处是传奇！新中国第一代领导人从这里昂然走过，共和国一颗颗将星在这里闪烁升起！这里的山山水水都与共和国有缘，这里的一草一木都在向后人讲述"没有共产党就没有新中国"的历史真谛！

时光流逝，带不走对历史的回忆；光阴荏苒，磨不去对英雄的敬仰。

正是怀揣这样一种理念，郝宏武从学校跨入社会，先后担任过团支部书记和党支部书记等职务。工作之余，他最大的热衷就是进行红色文物收藏。郝宏武把晋绥文物收藏事业当成梦想去追求，从收集零碎资料到文物史料馆初具规模，这条收藏之路，郝宏武一走就是30多年。关于红色文化的书籍，他一定会看上好几遍；遇到红色文物史料，他一定会想尽办法哪怕高价也要收集回来。在他看来，这些红色文物史料是一个特殊时代的永久记忆，是老一辈无产阶级革命家和成千上万革命志士为创建新中国浴血奋斗的"实物存照"。郝宏武更是一位细心的人，他的柜子里分门别类整整齐齐收藏着各个时期的珍贵史料，随身携带笔记本，一段段工整而详细地记录自己多年来对晋绥红色文化的解读。春夏秋冬，风雨兼程；走村串户，千辛万难；苦苦淘宝，日积月累；千淘万觅，持之以恒。郝宏武收集到的各种珍贵红色文物种类齐全、数量庞大、内容丰富，具有很高的历史研究和收藏价值。一幅幅布告、地图，一张张文稿、图表，一批批信件、书刊，见证着红色岁月，记录着战斗历程，与山河同在、

红色文物收藏家郝宏武向来宾详解有关红色文物的"来龙去脉"。

与日月同辉。

吕梁兴县曾是中共中央晋绥分局、晋绥边区政府和晋绥军区司令部所在地，号称小延安，作为延安屏障和抗日战争主战场，老一辈革命家贺龙、关向应、习仲勋等在此率领边区军民浴血奋战，建立了不朽功勋。郝宏武收藏的红色文物从不同侧面不同视角展示了晋绥烽火岁月的光辉绚烂。

当我和首都艺术家代表团慕名到访晋绥文物史料馆时，真是大大开了眼界，那么多的红色文物展，激起每个人的景仰和敬畏：晋绥边区政府公函类，晋绥边区图书类、货币类，边区医疗卫生类，军队写给地方之信件类，战时鸡毛信类，战时公告、布告类，晋绥研究相关类图书资料，晋绥时期实物类等。郝宏武对所藏每一件重要的晋绥红色文物都做了详细介绍和深刻解读。这些文物主要涵盖抗日战争、解放战争时期的战时公告、布告；军队写给地方政府的公函；贺龙师长写给毛泽东主席的信件；习仲勋同志任绥德地委书记时颁发的公函；习仲勋同志任绥德地委书记时颁发的军人复员介绍信；《晋绥日报》刊载延安"九一"记者节会议上习仲勋同志指示党报工作的报道；习仲勋政委的亲笔批件；习仲勋政委在离石高家沟村参加陕甘宁晋绥联防作战会议时用过的文件篮、麻油灯、炕桌、象棋、穿过的军靴；当地征集毛驴、担架及运送军火、伤员等事项的函件资料；缴获日军战利品《支那疆域沿革图》(地图上明确标示钓鱼岛属于中国领土) 等。

晋绥儿女出粮、出款、出人，涌现出诸如牛友兰、刘少白、孙良臣等诸多民主绅士。特别是牛友兰先生，将住宅捐给政府作为晋绥边区的首府驻地；捐资 2.3 万余大洋，筹建西北农业银行；出资 1 万大洋，筹建兴县民众产销合作社，后更名为晋西北纺织厂，成为晋西北地区最大的纺织厂。动员自家"复庆永"商号股东，把商号内所有的布匹、棉花、鞋袜、肥皂、毛巾等拿出来给我军换发新装，这在当时那种物资匮乏条件下更显难能可贵。牛友兰还将 13 个子女先后送到革命队伍中，其长子牛荫冠时任晋绥边区行署副主任。

每一件史料都是一个历史故事，在后来者眼里、在革命者心中，这些红色文物始终是最好的营养剂，永远是一座座不倒的丰碑。要把红色资源利用好、把红色传统发扬好、把红色基因传承好。历史是最好的教科书，对我们共产党人来说，多重温我们党领导人民进行革命的伟大历史，心中就会增加更多正能量。

谈到早期收藏，郝宏武兴奋之情溢于言表。有一年除夕，当他得知有人要出手一批晋绥老物件，立刻冒雪赶到物主家中。在一幢老旧房子内，他一眼就看到了这些藏物，满满一麻袋，从战时的鸡毛信、公告、布告到军队、地方、政府间的信件往来，包括边区的结婚证、离婚证、路条、土地证、战时通缉令等。看着这批"文物"，郝宏武两眼闪出光彩。虽然要价甚高，但他还是毫不犹豫地将这些资料全部认购，正月里他没出家门，每天就在家里"贪婪地"研究考证，整理归类。但凡与晋绥相关的物件，只要有一丝线索，郝宏武都会想方设法征集到手。他的足迹踏遍晋绥儿女生活过的四川、北京、陕西、甘肃、宁夏、太原及吕梁等所有地区。

一本 20 世纪 80 年代出版的《晋绥革命根据地大事记》，郝宏武自己也不知道翻阅了多少遍。书里留下密密麻麻的批注，每看一遍，郝宏武就做一次笔记，经年累月，他手头的笔记已有几十本。"军委副主席彭德怀在离石县高家沟主持召开陕甘宁、晋绥两区联防作战会议。贺龙、习仲勋（受中央委派而来）、陈赓、王震等参加会议……"郝宏武在该书中看到这一信息后，决定寻找高家沟军事会议旧址。他来到高家沟村。在多方打探下，村里一位老者把他领进一处长满蒿草、破败不堪、荒废多年的院落。院落四四方方，前后左右都是窑洞。在这里，郝宏武发现了当年高家沟会议时留下的文件篮、油灯、炕桌、象棋、军靴等,如获至宝。后来,离石区修建高家沟高级军事会议纪念馆,馆址就设在郝宏武发现的会议旧址所在地。馆里的展品大部分由郝宏武提供。

不忘初心,只为传承。眼下,郝宏武已有6万多件晋绥红色文化藏品,房间里、柜子内、纸箱里都塞得满满当当。为此,他已投入上千万元资金。"我的红色文物只进不出,从来没有卖过。"他还先后在柳林县文化馆举办"晋绥文物史料展",在吕梁汉化像石博物馆举办"珍藏的红色记忆展"等。在吕梁市离石区晋绥文物史料馆,共陈列着大大小小两千余件晋绥红色文物,这仅仅是郝宏武所有红色文物收藏的1/30。他响应政府号召,认养了离石区城内烈士楼。离石烈士楼里最有价值的是40幅很大的连环壁画,都是当地优秀民间艺人的画作。内容从日军入侵离石一直画到日本投降我军解放离石,这在全国是独一份,可谓抗战题材中的"敦煌壁画"。只可惜烈士楼因年久失修,部分壁画已被侵蚀,急待抢救!郝宏武找了4位摄影师,拍了5天,准备出版壁画集。如今,烈士楼已被纳入省级文物保护单位。《牛荫冠口述史》《抗战时期晋绥版画集》《牛荫冠手稿集萃》《印象离石》《红色吕梁》等红色藏品读物已整理成册,正在筹备出版发行中。

一份份史料,一个个物件,承载着历史,记录着郝宏武的红色收藏之旅。他的耕耘和收获,为切实加强新时代革命文物保护工作,充分发挥革命文物在开展爱国主义教育、培育社会主义核心价值观、实现中华民族伟大复兴中国梦,发挥出重要作用。"我愿意做晋绥红色文化的普罗米修斯,把它的火种播洒在华夏沃土上,让昔日的晋绥精神再放光芒。"黄金有价,晋绥边区红色文物无价,郝宏武晋绥边区红色文物收藏具有现实和历史双重的重要意义。让我们铭记和珍惜吕梁山上的红色文物,回望来路,不忘初心;前瞻远方,信心满满;薪火相传,再创辉煌。

牧童遥指杏花村

20世纪70年代中期，响应祖国号召我到吕梁插队，落户地交城穿过文水就是汾阳，一百来公里吧，"闻"起杏花村的酒香来说，占据天时地利之便，要容易得多。那时在村里乡下，一般是喝不上汾酒的，原因很简单，太奢侈了！我因为喜好文学创作的缘故，对插队地域的许多事物都很感兴趣，所以也就"黏"上了汾酒文化，这不知算不算是一种"文化奢侈"？

汾酒文化源远流长。从"杏花村遗址"考古发掘的文物证实，杏花村酿酒史可上溯到5000多年前的仰韶文化时期。南北朝时汾酒便已成宫廷御酒，受到北齐武成

杏花村酿酒史可上溯到5000多年前的仰韶文化时期。

帝极力推崇，被载入《廿四史》。唐时杏花村酿酒作坊多达 70 余家，呈现"长街恰副登瀛处，处处街头揭翠帘"之盛况。唐以前酒皆为"浊酒"，中国酿酒史上第一家蒸馏白酒便是"汾州贡酒"。李白喝后赞美："琼杯绮食青玉案，使我醉饱无归心"。晚唐杜牧清明节出行逢雨，湿寒之际，思酒若狂，便有了"借问酒家何处有？牧童遥指杏花村"两句绝唱，描绘了汾酒的"过去"。1915 年，杏花村老白汾酒参加巴拿马万国博览会，成为我国唯一荣获甲等大奖章的白酒品牌，加之新中国成立初期国宴用酒，以及连续 5 次在全国评酒会上蝉联"国家名酒"桂冠，成就了汾酒的"现在"。

汾酒诞生之后，经过殷商、西周、春秋战国、秦汉和魏晋时期，共4500 多年中国酒文化的哺育，得到迅速发展。特别是西周酒文化既为中国酒、也为汾酒发展确定了方向。在西周富庶农业经济和发达文化基础之上产生的西周礼乐文明，对西周时期酿酒、饮酒产生重大深远影响，从而促进了中国酒和杏花村酒大发展、大转折：一是发明了酒曲和"五齐""六必"的酿酒经验，使酿酒纳入有章可循的科学轨道，酒的质量产生质的飞跃。二是设官治酒，以法禁酒，对规范酒业管理、禁止酒祸蔓延、提高制酒质量具有重大意义。三是大力倡导"酒礼""酒德"，大大丰富了酒的精神文化价值，成为中国酒文化及汾酒文化区别于西方酒文化的最大特色。

沐浴中国酒文化的阳光雨露，汾酒度过它的婴儿期、幼年期和少年期，茁壮成长。至南北朝，终以"汾清"酒赫然成名于世。据《北齐书》卷十一载："河南康舒王孝瑜，字币德，文襄长子也，初封河南郡公，齐受禅，晋爵为王。历任中书令、司州牧。""初，孝瑜养于神武宫中，与武成同年、相爱。将诛杨愔等，孝瑜予其谋。乃武成即位。礼遇特隆。帝在晋阳，手敕之曰：'吾饮汾清二杯，劝汝于邺酌两杯。其亲爱如此。'"

北齐高湛，史称武成帝，561—564 年在位。北齐国都有上都、下都之分，上都在邺，就是今河南安阳；下都在晋阳，就是今太原晋源镇一带。武成帝在晋阳经常喝汾清，他劝在"邺"的高孝瑜，也要喝上两杯。而且是从北齐的军事中心晋阳写信向康舒王孝瑜推荐"汾清"酒，表明当时"汾清"酒质量之高、名气之大，足以达到"国家名酒"的级别。

古时酿酒追求一个"清"字，汾酒在南北朝时期定名为"汾清"酒（汾指产地汾州），可见它当时造"清"的程度和质量之高。在汾清成名之时，汾清的再制品竹叶酒（当今保健名酒竹叶青酒前身）同样赢得盛誉。梁简文帝萧纲以"兰羞荐俎，竹酒澄芳"诗句赞美之。北周文学家庾信在《春日离合》诗中曰："田家足闲暇，士友暂流连。三春竹叶酒，一曲鹍鸡弦。"可见此酒烈度不大，同现在汾酒集团所产竹叶青"香甜软绵"特色一脉相承。一个杏花村，能够同时造就两种"国家名酒"，这在中国酒文化史上无出有二。

汾酒诞生的黄河流域是我国古代文明发祥地，汾酒文化伴随几千年黄河文化发展，并伴随晋商崛起壮大，营销的最高境界是文化营销，汾酒、竹叶青品牌的最大优势在于它的文化资源。多少文人墨客为汾酒题写的诗词名句，赋予汾酒文化营销最广大而深厚的基础。历朝历代的英雄豪杰、贤人雅士，兼得汾酒莫大造化之功。不说晋之唐叔虞、晋献公、晋文公、刘武周、武则天这些帝王将相级人物，也休提卜子夏、赵盾、百里奚、廉颇、蔺相如、霍去病、关羽、温彦博、尉迟恭、薛仁贵、狄仁杰、杨延昭、司马光等数不胜数的文臣武将，光是诸如荀况、韩非、慧远、班婕妤、王绩、王勃、王之涣、王翰、王维、卢纶、柳宗元、白居易、温庭筠、米芾、关汉卿、罗贯中、傅山等一干文化名人，便洋洋大观、透瓶香醇了。汾酒的故乡何以如此人杰地灵？与汾酒有莫大的干系！这个秘密，最终被那个醉意朦胧的李白在无意间泄露出来："古来圣贤皆寂寞，唯有饮者留其名。"

在离杏花村不远的义望村插队两年后，我入伍参军离开山西，临别时，记得最清楚的一个细节就是父母双亲给我背包里悄悄塞进了一瓶汾酒。是出征酒，是庆功酒，还是凯旋酒？这给我留下一个任意想象的天地。从山西当兵走，带着一瓶山西特产汾酒走，现在让我回忆起来都觉得很有"蕴涵"。

再后来，我还真为汾酒做过我"力所能及"的事情。

继 2010 年在人民大会堂举办"汾酒巴拿马万国博览会获甲等大奖 95 周年纪念大会"之后，汾酒集团于 2011 年 9 月又在北京举办了"汾酒·第一国宴用酒 62 周年纪念大会"。在这次大会上，历史学家、百家讲坛嘉宾纪连海阐述了清代咸丰年间，汾酒工艺传入贵州、衍生出国家级名酒，1949 年中国人民政治协商会议成立时，汾酒作为首次国宴用酒与开国大典国宴专用酒的史实。我受军中战友著名纪实文学作家权延赤委托，代表他作了书面发言，叙述了权延赤在撰写纪实文学作品时采访当事人，所了解到的在新中国成立前后，汾酒作为接待重要外宾和国宴饮用酒的生动故事。长春电影制片厂制片人彭蓝郁则回顾了 7 年前筹备拍摄大型文献纪录片《国宴》时所作的调查，并展示了他收集到的"周恩来总理批示""首任汾酒厂厂长杨汉三笔记"等历史资料。在 50 多部影视剧中扮演毛泽东的特型演员李克俭，与毛岸青、邵华、刘思齐、毛新宇等毛泽

借问酒家何处有，牧童遥指杏花村。

东的亲属都有密切往来，他讲述了毛泽东对汾酒的钟爱，还讲到毛岸英、毛岸青和毛新宇的婚礼上，都用汾酒招待来宾。首届政协和开国大典的亲历者高彤在大会上回忆了当时宴会上代表们饮用汾酒的情况。

天高地迥，南北无边。再返吕梁走进杏花村，是在一个春雨霏霏的日子。我行走在路上，寻觅"遥指杏花村"的牧童。远远地看见高高的牌坊，上面赫然刻着"杏花村"三个大字，我抚摸到了活灵活现的"牧童遥指杏花村"的青石雕塑，一个小牧童骑在牛背上指向远方，让人依稀看到当年大诗人杜牧问路寻酒的情景。

千百年来杏花村因盛产汾酒、竹叶青酒而驰名中外。汾酒文化旅游景区杏花村系国家 AAAA 级景区，有着得天独厚的自然条件及深厚的文化底蕴，被评为首批全国工业旅游示范点、国家级文物保护单位、国家酒文化学术研究基地，汾酒传统酿造技艺入选国家第一批非物质文化遗产名录。

汾酒博物馆位于牧童南路北侧，布展面积 4000 多平方米，建筑风格为仿明清木架结构，馆内陈列了 4000 多年汾酒酿酒历史，汾酒发展的历史变迁，汾酒文化与晋商文化、黄河文化的一脉相承。以"传承国宝，

汾酒博物馆陈列了 4000 多年汾酒酿酒的辉煌史。

清香久远"为宗旨,将汾酒的"千年历史、千年业绩、千年文化、千年贡献"以实物、模型、书画、电子动画等方式展示出来。该馆以汾酒发展历史为线索,共分为千秋佳酿、晋商酒韵、竹叶青青、清香独帜、杏林墨缘、酒都瑞爵、天工妙手、酒海沐歌、异彩纷呈九个展厅,展示了汾酒在中国历史上的四次辉煌、汾酒厂的发展历史、历代文人墨客来过杏花村以后留下的赞美诗句以及汾酒传统酿造工艺的全过程。在这里,还可以品尝到纯手工制作的原浆酒以及汾酒集团出品的四种酒——汾酒、竹叶青、白玉汾酒和玫瑰汾酒。

酒文化博物馆内藏品以汾酒史料、实物、书籍及历代酒器具为主,收藏有从夏商到民国时期历代酒器具1000余件,有1915年巴拿马博览会所获金牌,有近现代文人墨客启功、黄胄、范曾等大家赞美汾酒的书画作品46件,书画院收藏有3000余件书画作品。九个展区既独立成章,又相互映衬,高度浓缩了汾酒文化辉煌灿烂的历史足迹,是对中国第一文化酒最具权威的诠释和佐证,彰显了一个高品质、高定位、高水平的汾酒文化历史长廊。她同时也是汾酒集团旅游文化产业链的进一步延伸和发展,是做大做强企业旅游文化产业的新起点。汾酒文化已经不再单纯是一个企业的文化,而成为酒文化的典型代言。

杏花村汾酒作坊现存古井为元代遗存,建筑为清代遗构。作坊原由南、北相对的两组院落群组成,南院落群统称为"杏花名迹园",北院落群由并列的五个院落组成,由东向西依次为"杏花村"院、"晋裕公司造酒厂"院、"勤俭"院、"作坊"院和"宝泉"院。"宝泉"院内仅存古井亭一座,亭内有古井一眼。传说杏花村汾酒作坊为北宋汾酒名店"甘露堂"遗址。据《汾阳县志》记载,清光绪元年(1875)汾阳县王姓乡绅在"甘露堂"遗址上投资成立了"宝泉益"酒坊,1915年更名为"义泉泳";1919年晋裕汾酒有限公司成立,此地成为晋裕公司造酒厂。汾酒酿造工艺入选首批国家非遗名录后，为切实保护并有效传承汾酒传统酿造技艺，特别建起一个仿明清时期的汾酒老作坊，全部生产工艺及工具皆恢复明清时期的手工操作。在这里，游客既可以感受到汾酒传统生产全过程，还可以品尝到刚流出来的纯手工原浆汾酒。最有意思的是喝汾酒专用的竹节杯，竹节杯造型奇特而古朴，精妙在于杯子可正反两面使用，反面装酒量约达到正面三倍。而且更神的是配合杯子还有一个汾酒十六字酒令：反正一杯，举一反三，颠三倒四，七上八下。等你执行完这十六字令，基本上一斤多的汾酒就已经下肚了。

在很长一段时间，人们在认识上存在误区。认为外国人不爱喝中国白酒，原因是中国白酒太过于烈。其实，国外蒸馏酒的酒精度并不比中国白酒低，如伏特加、金酒、威士忌、白兰地的酒精度一般都不低于40度。中国人均消费烈性酒并不比西方国家多，如俄罗斯的饮酒人群平均每人每年要喝掉90瓶伏特加，摩尔多瓦则达到100多瓶。英国、克罗地亚、爱沙尼亚等国的烈性酒人均消费也比中国多。他们的伏特加和我们的清香型白酒在口味上几乎一致。虽然英国人的威士忌、古巴人的朗姆酒以及许多欧美国家流行的金酒，与中国清香型白酒口感存在一定差异，但就其本质而言都具有一致性。

汾酒大有作为，可以从中摇曳出千变万化的不同口感，兼香出独具一格之新好风味，营造出一个微妙之鸡尾酒大千世界，堪为一片可供今后开拓的广阔诱人的处女地，这无疑是汾酒未来的一个美好前景。如同东方酒文化与西方酒神精神的不谋而合，汾酒天然契合酒类的国际口味，让人想起一种艺术定位：只有民族的才是世界的。因为汾酒真的能够称得上是中华民族的，正像中华民族的五千年文化，她可以兼收并蓄世界所有文化而依然独放异彩，经久不衰，生机盎然。汾酒的特性决定了她必将融入世界，以它的"国际口味"让不同肤色的人们所接受，所喜爱。

现在的汾酒工业园林占地 20 万平方米，种植有 40 多种花卉树木，根据生态学原理设计建造，有喷泉、亭台楼榭、小桥流水，兼有十几组酒文化雕塑点缀其中。醉仙湖用的水是达标排放的废水和部分中水，可以养鱼，放养鹅鸭。再用养过鱼的水浇灌花草，集环境文化、企业文化于一身，不但提高了资源综合利用，促进了人与自然的和谐，也为游客提供了一个休闲的好去处。而中国汾酒城是以做强做大汾酒、重振汾酒雄风为目标的，山西省转型发展的重点工程，以 10 万吨白酒生产为核心的酒业保护开发经济区，其功能定位是白酒生产、白酒储藏、酒类营销、酒文化传播、酒业旅游、饲料加工、生猪养殖、肉食加工和酿酒高粱基地建设。酒城外墙雄伟壮观，里面却是中空的，足有三四层楼房那么高，是用于贮酒的库房。城墙上面是环城游览通道，可以并行两辆游览车。园区所有建筑的风格全部为外仿古、内现代，外观主要仿造宋、元、明、清的建筑风格，这就更显示出了汾酒的历史厚重感和汾阳深厚的文化底蕴。

酒有"水的外形、火的性格"，激情与梦想是酒本身所具有的精神特质。中国酒魂时代，应该是激情与梦想的时代。中国酒魂，论人，应该是大诗人李白。台湾诗人余光中歌赋李白有诗云："酒入愁肠，三分化作剑气，七分酿成月光。绣口一吐，就半个盛唐。"这是何等的大气磅礴！剑气就是英雄气概，月光就是浪漫情怀，这样的中国酒魂、中国诗魂才能楷模百代，光耀古今。中国酒魂，论酒，应该是汾酒。汾酒是中国白酒产业的奠基人，是传承中华五千年酒文化的火炬手，是中国白酒酿造技艺的教科书，是中国酒业发展历史的活化石。汾酒文化有着诚信天下的名酒风范，白酒宗师的大家做派，坚忍不拔的英雄气概，儒雅浪漫的人文情怀。中国酒魂，舍汾酒其谁乎？

啊，借问酒家何处有，牧童遥指杏花村。

乾坤湾里说"乾坤"

　　参加"我和我的祖国"红色旅游媒体采风活动，来到了延安延川县乾坤湾。黄河被喻为母亲河，正如《信天游》里唱到的："你晓得天下黄河几十几道弯？几十几道弯上几十几只船？几十几个艄公哟来把船儿扳？"在延川境内形成5个S形大转弯，黄河由北向南流出了漩涡湾、延水湾、伏寺湾、乾坤湾、清水湾，鬼斧神工，气势恢宏，成就了天造地设的地质奇观。这里就是著名的天下黄河第一湾——乾坤湾。

　　人说，黄河九十九道弯，最美莫过乾坤湾。乾坤湾景区位于陕西延川黄河蛇曲国家地质公园内，延川县城南部53公里处。乾坤湾是黄河流经延川秦晋峡谷68公里时形成的5个S形大弯之一，其弯度达320度，堪称"天下黄河第一湾"。景区是集观光、休闲、度假于一体的国家3A级旅游景区，景区内自然景观奇特，人文历史悠久，红色文化厚重，民俗民风淳朴，是海内外知名的黄河胜景、峡谷奇观。

　　乾坤湾的名字好响亮，与众多古代长城墩台一起构成中原屏障，隔河与山西省永和县遥遥相望。罕见的蛇曲景观天下黄河九十九道弯，在延川境内形成的五道大弯被统称为河曲，其科学名字为蛇曲。蛇曲是被河流冲刷形成的像蛇一样蜿蜒的地质地貌。延川黄河蛇曲是如今中国干流河道蛇曲规模最大、最好、最密集的蛇曲群，是罕见的景观。

乾坤湾的上空，是空旷的，寂寥的，天大地大，乾坤湾的境界更大。乾坤湾是一幅天然太极图，如同神话传说中玉皇大帝在天庭丢落到黄土高原丘陵沟壑区的"河图"和"洛书"，酷似天地造化的天然太极图，是黄河古道秦晋峡谷间的一大天然壮景。它形如太极阴阳鱼，环抱郁郁葱葱的青山，山上住着人家炊烟袅袅，岸边草滩上牛羊正在河边吃草饮水。乾坤湾不仅壮美，更是一幅黄土高原的农牧生活图画。

眼下这 S 形大转弯的神秘造型，留下一个什么样的古老神话？犹记有诗云：亘古奇观锦绣川，阴阳回绕水飞璇。云横太极江天阔，浪仰山河日月玄。逝者如斯十万里，生民有庆五千年。伏羲八卦含心宇，快意神州乐圣贤。

陕西延川境内的乾坤湾黄河大拐弯，乃海内外知名的黄河胜景，峡谷奇观。

我来到乾坤湾下游山水相依之处，这个名叫伏义河村的小山村可是不一般啊！村子在清代前叫伏羲河村，民间传说是人类祖先伏羲出生的地方。由于义字的繁体"義"和伏羲中的"羲"形体相近，在方言中读音也相似，后来就在老百姓嘴里逐渐演变成"伏义村"了。村里一位老者摇动羽毛扇讲着故事：话说远古时光，先祖伏羲氏为探求天道、改变洪荒、开启文明，驻足乾坤湾，仰观天象，俯察地理，体会天地、日月、阴阳、刚柔、乾坤之象。忽然黄河水激流暴涨，金光迸射中神马自河水中飞升而起，落在伏羲面前，一幅奇异的河图从龙马背上飘落，重叠在乾坤湾的蛇曲之上。伏羲观图，心智顿开，大彻大悟，绘制出太极八卦图，创立了阴阳学说。今天，《河图》上标明的数理，即《易经》所载的"戴九履一，左三右七，二四为肩，六八为足，纵横十有五"，便出自此。让人不禁感慨：中华民族始祖伏羲氏就是在这里"仰则观象于天，俯则观法于地"，创立了太极八卦图及阴阳学理论。神奇美妙的乾坤湾不仅是母亲河缔造的天下奇观，也是中华民族的根脉之所在。

奔腾的黄河水从天边穿山越岭迤逦而来，划出一道优雅的曲线，轻轻地流淌，绕过伸出的山岬，山河共同画出了两个巨大的 C 形，一正一反，组成了十分优美的开口圆弧，掉头回环，从两山之中再次划出一道反向的优美曲线，向来时的方向游去，似乎要与上游握手，却又被高山无情阻隔，只好又一次掉头向下方流去。河抱着山，山依着河，河里有山，山中有河，一山一水，一阳一阴，水山辉映，山河相连。山峦护卫着河水，河水围绕着山峦，黄色拥抱着绿色，绿色夹携着黄色，水山形影相随，山水亲密无间。山脉从河水的缺口中伸入，沙滩就像是大山长出的舌头尖，温柔地舔舐着河水。那孤岛似的青山犹如一顶巨大草帽覆盖在湍急的水流之上，静谧的黄河给这顶绿色草帽镶嵌上金色的流动花边。

在当地村民的记忆里，"乾坤湾"一直都被称为"河怀湾"或"河洽里湾",是摄影爱好者首先拍出了乾坤湾的美,并通过媒体宣传把乾坤湾名号在外叫响了,其中以延川县张勋仓和永和县王悦摄影作品为最。那一年,张勋仓历尽千辛万苦,在现在的乾坤湾镇乾坤湾景区拍摄了一张照片并将其命名为"黄河大转弯",时任延川县文联主席看后,提出应该改成黄河乾坤大转弯。张勋仓采纳了这一建议,在作品发表时便以"黄河乾坤大转弯"命名。出乎意料的是,这张照片引起很大轰动,成为乾坤湾地名标识的历史转折点,也为后来的旅游开发奠定了坚实基础。之后,延川县的领导如此评价:"张勋仓的这张照片,为延川县域经济发展,尤其旅游业的兴起,起到决定性作用,可以说,没有这张照片,就没有延川旅游业的今天。"

在乾坤湾左侧的河道中有一河心岛,托起一块鞋状的沙丘,形似巨人留下的脚印,现今当地人把它叫作鞋岛,是黄河中少见的在河之洲。小岛高出河面大概有10多米,岛上北边略低,像河滩一样,块石磊磊,据说半个世纪来都没被水淹过。这里水鸟翔集,没有人为干扰,成为鸟类天堂。随着乾坤湾旅游开发力度不断加大,如今在鞋岛上铺了一条鹅卵石小道,新建了茅屋和走廊等旅游设施。当地人还将鞋岛改称"定情岛",并将"伏寺湾"改叫"伏羲湾",解释说陕北话的"寺"与"羲"同音。无论是"鞋岛"还是"定情岛","伏寺湾"还是"伏羲湾",专家表示,这其实都是景观叙事对传说语言叙事的移植与拓展,是伏羲传说得以产生景观叙事的前提,不仅通过地名标识赋予了景观更为丰富的时代内涵,也使传说经由景观实现了新的语言表述,体现了景观叙事对语言叙事的延续与超越。

谁曾领略过如此天然巨大的太极八卦?黄河古道山高谷深,石峡嵯峨,岩壁峭直,峻险奇伟,令人惊心动魄!黄河水流广阔浩荡,汹涌澎湃,威武雄壮,势不可挡!在这里,黄河秉性展露无遗:像母亲那样善良、温柔、丰腴、美丽、慈祥；又如同父亲那般严峻、刚强、执着、豪迈、奋进。此时伫立黄河岸边，俯首感受乾坤湾壮怀激烈、飘逸洒脱的画面，顿觉"黄河有多宽，心就有多宽"。面对滚滚黄河水，我仿佛能够深切地谛听到来自遥遥祖先的脉脉心声，而整个乾坤湾就像一本必须不断解读的天书一样，让人从中感受自然造化，天佑中华。

立足此岸，凝视彼岸，乾坤湾俨然一条活灵活现、栩栩如生的偌大阴

享誉盛名的书法家沈鹏泼墨题字"黄河魂"。

阳鱼，飘荡在黄土高原的丘陵腹地之中，形象演绎展示着八卦中的阴阳。"阳鱼"是山，即河对岸被水环抱320度的那座山，山脚下开垦的层层梯田，错落有致的红枣树林，恰似鱼头的鱼唇与触须；山体沟壑万千、梁峁相连，又似鱼身的鱼鳞与鱼鳍，摆尾自然顺畅，宛若入水游跃一般。"阴鱼"是水，水中映出山的倒影反向恰似神秘飘动的鱼儿，阳鱼尾接阴鱼首，阳鱼首续阴鱼尾，正应了阴阳合抱、互为转换、相依相存的中国古老哲学辩证思想。在这天方地圆一带还有与八卦图相关的青龙、白虎、朱雀、玄武四方标志物和以伏羲、女娲名字命名的村庄、庙宇以及大量相关传说，

不更是增添了黄河乾坤湾厚重的历史文化和引人入胜的神秘色彩吗？

乾坤湾景区的运营在 2015 年金秋正式启动。近年来，乾坤湾景区按照"高起点策划创意、多渠道投资建设、强力度宣传推介"的总体思路，大力招商引资，现已引进延长石油集团公司、延安蛇曲国家地质公园旅游有限责任公司、程家大院旅游服务有限公司等，采取 BT 等各种模式，加大投资建设，完善水、电、路等服务设施，总投资达 5.1 亿元。景区建设正在稳步推进，黄河文化旅游资源开发取得明显成效，未来几年内将以建设 5A 级旅游景区为目标，力争使乾坤湾成为国内知名黄河峡谷景观、陕北黄土地貌和风情文化旅游目的地、延安旅游新高地，达到年接待游客 60 万人次，实现旅游综合收入 3 亿元的近期美好"小目标"。

在中国革命史上，延川县曾是陕北革命根据地和陕甘宁边区中心县份之一，1926 年就成立了中共地方组织，1932 年建立了红军游击队第九支队。毛主席在陕北期间曾多次亲临延川。在乾坤湾景区的清水关渡口，明清时期熙熙攘攘，商贾云集，店铺林立，茶楼饭馆客栈鳞次栉比，古渡码头各路行船、盐运、马匹奔忙，经济贸易往来十分频繁。1936 年 5 月 2 日，毛泽东率领东征红军回师陕北就是由这里上岸，一代伟人胸怀天下苍生的雄才伟略且听后来人深情追忆。清水关渡口、刘家

天下奇观延川黄河蛇曲的"国家招牌"。

山毛主席旧居、杨家圪台会议旧址、太相寺会议旧址都是延川红色旅游线上的重要景点。如今，清水关又恢复了以往的生机，"一鸿清水绕衙门，爱民如子显清风"是古代名臣在此为官清廉的写照，也是今日廉政文化教育基地，"体验羊皮筏子漂流，领略祖国大美山河"，吸引来无数都市人探寻"诗与远方"的脚步……

延川历史上曾是多民族融合的地方，先后有十多个少数民族在此繁衍生息，形成延川文化兼容特征。延川文化底蕴深厚，自古文人辈出，陕北唯一的文状元李郃、清代女诗人李娓娓都出生在延川，当代以路遥为代表的延川作家群享誉中国文坛。延川民俗文化异彩纷呈，剪纸、布堆画、秧歌、说书、民歌、道情等民间艺术独树一帜，被国家文化和旅游部命名为"中国现代民间艺术之乡"。

当我与同行采风记者依依不舍离开乾坤湾，心情久久不能平静。返程路上，心灵深处总是闪烁着乾坤湾大智大美的影子，大家于是达成了如下新闻稿报道的"主线"默契：观乾坤湾不仅仅是一种美的享受，一次灵魂的净化，一种思想的升华，更是对博大精深、古老辉煌中国文化的一堂生动形象的"现场教学"和切身体验。

乾坤湾对于伟大的黄河母亲来说，是黄河雄浑之下的飘逸洒脱而已，是一个灵性不朽的杰作。与壶口瀑布的洪波湍急、惊涛拍岸相比，这里的黄河恬美，宁静了许多，温文尔雅，谦和有度，给人心胸豁达、河纳百川之感。再回首山河相抱、阴阳合一的奇景，这不正是一个和谐相处、共生共荣的大自然典范吗？在乾坤湾的面前，什么功名利禄，什么荣辱得失，皆可随风而逝、抛之脑后。当一个人的心境自由自在地放松，当一个人的思域彻底回归自然，那将是一件多么了不起多么快乐惬意的事情。

守望滦州古城

　　春暖花开的日子，来到新兴旅游热地滦州古城游览。滦县属于河北唐山地界，是一座古老的北方工业县城，中国近代工业发源地之一。而让我没有想到的是，伴随在一个曾经的工业化资源型老县城旁，还坐落着一座古城，这座古城散发出浓郁的文化气息，闪烁着久远而颇有烟火色的

城墙巍峨，游客云集。滦州古城，夜半歌声。

晖泽。古城以传承滦河文化为主题，深度挖掘地域文化，在震后破败的老城上复建起一座明清风格浓郁的滦州古城，不仅使城镇面貌焕然一新，还强力带动城区旅游产业发展，让文化"软实力"产生出了"硬效益"。

厚墙阔瓦的东城门上书写着乾隆御笔的"滦州"二字，在这里，一杯茶也会品出云淡风轻，一朵花也能写意独特风景。城内明清式建筑群中游人如织，熙熙攘攘。小桥流水，曲折蜿蜒，船上情歌，男女对唱，真正是颇有了点江南水乡之曼妙风情。而到了夜晚，热闹喜庆的祭火大典时缓时急，或明或暗，更有一番北方游牧民族的原野风情。古城景象很迷人，逼着我往前走，古老而又现代，意象而又具象，走走停停是一种闲适，边走边看成一种优雅。

时光往述，公元923年，辽太祖耶律阿保机分平州地置滦州永安军，始建滦州。1000余年的盛世光华，滦州一直是繁华核心地域，历史上共有18位皇帝巡游至此，清乾隆皇帝游历古滦州时更是留下了"览景目难给，千古此滦州"的"皇上赞叹"。滦州因滦河滋养成为孕育中华文明的发祥地之一。伯夷叔齐推位让权、秦始皇碣石山勒石宣威、曹操东征乌桓、张学良策划东北易帜等历史典故，都在这片土地上酝酿发生。滦河流域还孕育了北方农耕文化、契丹游牧文化、皇家文化、近代工业文明，衍生了蒙古长调、承德清音、丰宁剪纸、滦州皮影、乐亭大鼓、冀东地秧歌等非物质文化遗产。滦州古城自923年由契丹在此兴建之后，城池规模宏大，城墙巍峨，商贾云集，市井繁华。在经历了辽、宋、元、明、清五代漫长岁月后，终因战争动荡和自然灾害的侵蚀而逐渐消亡，因城兴起的文化也随之散落民间。1913年，滦州改州称县，始称滦县。让人有点儿称奇的是，在这农耕与游牧交错的前沿地带，还曾诞生了中国第一座现代煤井、第一件卫生陶瓷、第一家现代纺织厂、第一辆蒸汽机车、第一袋水泥、第一座铁路桥。滦县被人们熟知的，还有位居亚洲第二的铁矿区——司家营铁矿。

在 1958 年和 1976 年的两次地震中，滦县县城遭受了重创。

尽管如此，一个曾经的工业化资源型老县城，却有着一缕缕不可被历史和人们遗忘的点点辉煌。

难忘那一年，一个在云南楚雄成功打造了"彝人古镇"的中国文化旅游古镇运营团队来到滦县，通过四处走访调研，深入挖掘并详细梳理滦县历史文化后，毅然决定在滦县老城区、青龙河畔重建消失百年的滦州古城，再度复兴千年古滦州盛景，将滦州灿烂的历史文化重现在冀东平原之上。

百年前的古城已不见踪影，千年的历史文化散落民间，要在这座以铁矿资源为主要经济来源的老县城兴建一座旅游文化古城，可谓困难重重，谈何容易？对未来发展，当地还没有清晰明确的规划，何去何从，可能只有脚下丰富的矿藏能够拥有很大话语权。但是拘于眼前利益，利用资源换取富裕生活是需要付出沉痛代价的。绿树、蓝天、碧水、清河，是人们所心向往之的，滦县产业转型迫在眉睫。

老城记忆一度出现"断层"。一位 85 岁的老人说，"滦县的古建筑在我小时候比比皆是，但经历了两次大地震的浩劫之后，大多已不复存在，很多年轻人对于老城的记忆已经模糊。"他为了给"滦州古城"项目提供一个民间样本、找回故乡"影子"，留下乡愁记忆，自幼生活在古城的他开始查阅典籍资料，走访年长街坊邻居并考察残存文物遗迹。凭借着童年对古城的那些记忆，耗时两年多，硬是用钢笔和毛笔白描出 400 多幅古城的"印象模样"。这些古建筑图画囊括了乾隆行宫、滦州衙署、詹天佑大桥、李家大院等滦县历史上著名建筑图，同时勾勒记录下萧太后庙、大觉寺、关帝庙、文庙等具有明显地方特色的古寺图，以及偏凉汀水旱码头、滦州市面图、皮影戏等人文生活图画，这为后来复建古城提供了宝贵的第一手"参考消息"。正是这个样本让栾城建设找到了自己的特色，找到了自己的地方文化灵魂，找到了城镇化建设的根脉。一座具有"乡愁文化"的"滦州古城"，横空出世。

这是一个有故事、有历史的古城，后人怎么能够忘掉历史的记忆。

一座城可以消逝，但一个地域璀璨的历史文明是不应该消逝的。

任何资源都可能枯竭，唯独文化资源会生生不息。

更多的人认识到，古城重建是件大好事，应该重建，因为这里有太多的故事和记忆，因为这里是滦州人的根，是滦州人的希望之所在。历史、文化的根脉需要载体，资源型经济向文化型经济发展需要载体，第三产业振兴和强县富民更需要载体。

滦县地处环京津、环渤海"两环"黄金腹地，是连接华北经济区和东北经济区的重要枢纽，素有"关西第一州"之誉称。随着京津冀一体化进程加快，滦县抓住机遇，实施了以"滦州古城"为龙头引领的一批文化旅游项目，如横山大觉寺、研山文峰塔、滦河水利风景区等。接手滦州古城项目的专业文化旅游古镇运营团队认定，建古城不是高楼化、城市化，不是高大美，应该是现代文明与传统文明的聚合，"乡愁文化"是古城建设的"根脉"，抓住这个根脉，就能让古城建设成为一个乡愁文化建设升华的过程。 立足于旅游业龙头，在景区规划、资源开发、基础设施建设、招商引资等方面发挥政府主导作用，挖掘、复制和移植地方精品特色文化，广泛吸纳其他地方打造古城的成功经验，同时坚持市场化运作，把适合文化旅游市场消费特点的精品项目引进到古城，他们以抓铁有痕、踏石留印的实干精神，甩开膀子大干起来，在滦河畔展开一幅新的城建蓝图。

旧城改造、河道清淤、环境整治等工程陆续上马，滦州古城项目正式开工后，仅仅用时两年多，滦县这座曾经无人问津的资源老城就吸引来数百万闻名而动赶来观光的游人。这是滦县百姓想都没有想到的事情，滦县乃至河北省的旅游格局因滦州古城的复兴建造而大大改观。曾经的滦州古城在风雨和战火的摧残下已经荡然无存，但这并不妨碍它在百年之后又"复原"成一座古城。正如北京城南那座已从人们视野里消失百年的永定城门重新复建一样，在千古历史中，它仅仅是离去百年，只要人们重视、尊重历史，它会回来，继续存在，再矗立百年、千年。

在重视传统文化的国人眼中，复兴中式特色建筑也是一种乡愁，那些飞檐斗拱、红墙绿瓦、青砖石路的人居建筑元素和符号，应该传承下去，而不仅仅是当作文物留存。对此，开发者看到、想到并做到了让民族特色建筑在古城打造中的大力弘扬和完美施工，在他们看来，这是应负的使命和职责。

滦州古城高耸的古塔，凝聚耸立着永远的乡愁。

"古"是古城的文化之本，现在滦州古城内有很多历史景观，光是各类牌坊就有近60处。古城建设过程中，以历史格局为依据，以传统街巷肌理为骨架，科学确定住宅、商业和景点建设的目标和模式。水是古城文化之魂，古城水系在整体保持北方古城风貌的基础上，将城内水系与滦河统筹考虑，形成一个结构清晰、浑然一体的整体。

市因城而兴，重建

滦州古城后，开发者复兴了北方契丹民族的千年文化，散落民间的各类文化形式和民俗传统也都被——寻回，并成为众人皆知的国家 4A 级旅游景区和滦县古城新区。滦县百姓和穿梭于此的众多游人共同体验和品味着这些传承千年的历史文化。至今，滦州古城建设经历若干年，滦县也因为滦州古城而被人们牢牢记住，并且成了资源型城市成功转型的样板，当地文化旅游成为国家重点支持的产业。

为了响应国家大众创业、万众创新的改革措施，滦州古城内特意建设了一个青年文化创业园区，面向 35 岁以下青年，推进艺术品交易、网络科技、艺术餐饮等文化产业创业。滦州古城现在不单纯是一个旅游景点，更蕴含了一种全新的产业模式。或将古城看作是一个完整产业链条，因为现在的滦州古城融合了文化、旅游、建筑、商业、人居五大要素，已经把传统商业街、居住院落以及历史文化古迹的综合保护和改造有机协调了起来，成为集滦州文化、地方经济于一体的集合体。

文化应当保护、传承和发扬。古滦州因滦河的养育而发展出璀璨的文化，今天的滦县因滦州古城的兴建而兴盛。滦县启动了"滦河千里行——母亲河溯源行动"，拍摄了大型历史文献纪录片《辛亥滦州起义》，研山文峰塔、横山大觉寺等辽代古建筑陆续恢复重建，《滦河文化丛书》《滦州历史文化丛书》《滦州古建筑》等 28 部专著先后出版，其中报告文学作品《流淌着乡愁的滦州古城》正是对滦州古城开发建设的最好见证。而《滦州古城故事传说》则是为人们追述滦州古城遗忘千年的众多历史故事和文化传统。享受生活，尊重传统，不忘历史，滦县在备享文化润泽的同时，也让文化的光芒照进自己的现实。春夏复秋冬，一年又一年，来自四面八方的游客满怀欣喜畅游此地，欢声笑语回荡在滦州古城瓦蓝瓦蓝的天空之上。

一位在滦县创业已经二十多年的商户说，从老城到新城，再到古城，她切切实实感受到了古城的飞速变化，同时也感觉到了古城的日益繁荣，

滦州古城里的小桥、流水、荡舟。

她说："古城环境越来越美，吸引力越来越强，游客也越来越多了！"

现在的滦州古城，京津冀旅游线路上被游客称为"黄金驿站"，当地人感觉古城留下了千年古县的记忆与乡愁。漫步徜徉在古城蜿蜒的青石板路上，视野所及，处处青砖黛瓦、雕梁画栋，四合院、东城门、迎宾广场、万佛塔、关帝庙、文庙等景观依次入目，滦州衙署、接官亭、古戏台等景点纷纷呈现……透过壁画、裙板、斗拱、梁柱、瓦当等见缝插针地融入本土文化元素，千年古滦州风貌跃然眼前。

滦州古城自重修开放后已接待来自国内外各地的游客超过千万人次，每年游客量与往年相比均有大幅度提升。随着滦州古城知名度的不断扩大，还有越来越多的外国、本地客商落户古城。接下来，滦州将只争朝夕，不负韶华，进一步丰富和完善滨水生态景观、人文历史景观、商务休闲景观、产业创意景观等建设，精心打造成文化之城、产业之城、宜居之城、创意之城，探索并走出一条重建之城的文化复兴之路。

魅力鄂伦春

  这几句话淬炼的很到位：祖国正北方，亮丽内蒙古；鲜卑根祖地，魅力鄂伦春。于是，便有了我走向高高的兴安岭之行，那里住着勇敢的鄂伦春民族，那里有旅游者的诗和远方。鄂伦春自治旗地处大兴安岭南麓，嫩江西岸，隶属于内蒙古自治区呼伦贝尔市。鄂伦春自治旗是我国最早成立的少数民族自治旗，素有"北国碧玉""绿色净土""鲜卑民族发祥地"之美誉。在 20 世纪 50 年代，一曲"高高的兴安岭，一片大森林，森林里住着勇敢的鄂伦春"，就让鄂伦春这个古老的狩猎民族闻名于世。一匹马、一杆枪、一只猎犬、一位头戴狍角帽的猎人，一年四季追赶着獐狍、野鹿，游猎在辽阔无边的林海雪原里，这几乎成了鄂伦春人的形象标志。

  回溯岁月，往事沧桑。鄂伦春族是游猎于中国北部大、小兴安岭的狩猎民族，是为"马背上的民族"，无论男女都精骑善射，又被冠以"兴安岭上的猎神"之誉称。鄂伦春这个古老民族以狩猎为主，采集和捕鱼为辅，过着相对独立的狩猎经济和游猎生活方式。严酷的大自然培育了鄂伦春人机敏、勇敢、乐观的性格特质和适应恶劣环境的超常能力。

  当我的双脚踏上这块寥廓肥沃的黑土地，呼吸着从白桦林中穿过带着原始树木清香的空气，头顶一朵朵棉花糖似的悠悠白云，那份惬意和心境甭提有多爽了！我突然感觉到此次鄂伦春之行有别以往，让我对这个

"马背民族""林中猎神"有了更多的探秘冲动、创作欲望和拍摄期待。

原始的萨满教信仰和"万物有灵"的多神崇拜以及由此而形成的一系列风俗习惯，口头传承的民间文学、歌唱艺术、手工技艺制作的兽皮制品和桦皮制品，形成独具特色的鄂伦春森林民族狩猎文化艺术，它们是鄂伦春人发自内心深处对自然、生命及对生存的这个世界至真至美的感悟。他们给人类所奉献的狩猎文化、兽皮文化、桦皮文化和萨满文化等，都值得大书特书一笔。

我来时，鄂伦春冰雪"伊萨仁"拉开了帷幕。"伊萨仁"是鄂伦春语聚会之意，现在成为民族传统节日的广告语和代名词。在为期百天的活动中，开展包括"跨林海、穿雪原"鄂伦春猎手马队巡游、"冬美鄂伦春"摄影采风、雪雕展、民俗技艺展演、冰雪观赏、雪地爬犁、雪上冲浪、"本布利"鄂伦春民间趣味足球赛等20余项丰富多彩的活动。

头戴狍头帽，身披狍皮衣，背挎长猎枪，这种独特装束便是鄂伦春猎人的标准配置，一年四季都游猎在茫茫的林海中，猎马和猎狗是鄂伦春族猎民不可缺少的帮手，被称为"最亲密可靠的猎人伙伴"。过去，鄂伦春人因为没有肉食补充，日子过得很艰苦，因此族人们会在寒冷的冬天进森林围猎来补给生活。鄂伦春人把围猎当成族人盛大的"伊萨仁"，这实际上是鄂伦春人为储存冬季食物而进行的"盛会"。还有更让人称奇的是：在长期与世隔绝的自然环境中，鄂伦春民族较完整地保存着原始社会末期地域公社阶段以"乌力楞"为单位的社会组织形式。

在"伊萨仁"活动现场，我目击到，"穆昆达"（族长）在骁勇猎手拥簇下登上祭坛，只见他手持桦皮碗，用柳蒿枝沾着浓酒挥洒祭祀天地，上千名鄂伦春族男女老幼都毕恭毕敬跟随"穆昆达"一起面向祭坛，洒酒祭天，颂唱祭文，场面肃穆庄严。尽管严寒肆虐，冰雪彻骨，身着艳丽民族服装的鄂伦春人兴致不减，一圈绕一圈，围拢火堆跳起了欢快的民族舞

严冬里，鄂伦春雪乡的民间祭祀表演。

蹈，感恩众神福佑族人家丁兴旺，日子红火。应该说，在长期的狩猎生涯中，鄂伦春人与火密切相处，敬火为神，进餐时都要向火里扔食物，以示对火神的供奉。打猎归来时，会围着篝火跳起欢快舞蹈，度过漫漫长夜。鄂伦春有自己的篝火节，并认定篝火节就是民族的"春节"，每逢过节都很隆重而热烈：巨大的篝火堆和绚烂的焰火将篝火节的现场气氛推向高潮，冲天的火苗映红了半边天际，人们团团围着篝火，跳起欢快的舞蹈，不管认识的不认识的都在这一刻手挽手，喜悦的神情像花儿一样绽放在每个人的脸庞上。

　　我走进了为见证历史而保留的一座小屋。那时，鄂伦春人居无定所，过着游猎生活，他们居住着一种叫"斜仁柱"的特殊房子。这种圆锥形建筑类似美洲印第安人的"庐帐"，用松木或桦木做支架，盖上桦树皮，冬季用兽皮围盖，底部直径七八米，高五六米，中间生火，可做饭、取暖和照明，非常适合游猎生活居住。我坐下后，正赶上午饭，一家人围坐火堆旁，肥美的羊肉被烤得吱吱冒油，散发出诱人香气，盛邀之下，我也毫不客气，和这家人一同分享美食带来的喜悦，不亦乐乎也！用罢美味午餐，这一家人又手拉手跳起欢快的依哈嫩舞。鄂伦春舞蹈源自生活，体现的大都是其生活内容，由于生活地域偏僻与生产方式单一，舞蹈多以模拟动物姿态自娱为主。每当狩猎归来，一家老小饱食之后，便闻歌起舞，尤以模拟狗熊姿态的斗熊舞最为精彩。民间舞蹈作为传承鄂伦春民族文化的重要载体，其重要价值就是它以一种舞蹈形式记录鄂伦春人从狩猎到采集的原始生态发展与演绎进程，斗熊舞正是以这种模仿动物形态的舞蹈弥补了鄂伦春民族没有文字记载的历史，绝对是颇为珍贵的非物质文化遗产啊！

这片山河有着丰富的林业资源和大美风光，但最令我好奇和敬畏的却是这里神秘的鄂伦春猎人。狩猎是鄂伦春人最重要的生产活动，是生活

雪地上的弓箭手，箭矢指向神秘祈福的地方。

资料的主要来源，但他们从不乱捕滥猎，也不打繁殖期和成双成对的动物，他们只要得到维持温饱的猎品就满足了，他们早就与大自然保持了一种微妙默契的平衡关系，真可谓"森林之子"。鄂伦春人与无边森林血肉相融，但从不乱砍滥伐树木，用过火后，都会小心翼翼把烟火头、火柴头掐灭埋在含有水分的土里，再用脚结结实实用力踩好。清《柳边纪略》记载："鄂伦春，射生为业，然得一兽，即还家，使妇取之，不贪多。"马背上的猎人飒爽英姿，挥舞着手中马鞭好似战场上冲锋陷阵的勇士，然而，他们始终是与这片生于斯养于斯的原始大森林同呼吸，共命运。

鄂伦春人认为，"白那恰"（山神）统治着崇山峻岭及山中树木植物。为了供奉山神，他们在山中选一高耸树王，砍去一块树皮，画一个脸形，每次路过此处都下马向其叩拜敬酒，或是取几根马尾系在山神像旁边的树杈上，求它保佑平安。如今，高耸的山神树王枝繁叶茂，栩栩如生的五官相让旅游者对有关山神的神秘传说充满浓厚兴趣。在这次密林采风时，我看到一位老猎人翻身下马，跪拜在山神前，神目专注，面色虔诚。接着取下狍皮帽，顶礼膜拜，嘴里唱起古老的礼赞歌谣："山神啊，请赐福给我们，赐福给山林……"从怀中掏出早已备好的白酒和桦皮小碗，倒满酒后用手指蘸酒三次，向上弹三次，表示向山神敬酒。老猎人说：每次打猎前，我都要向"白那恰"祈祷，更不会用套索、夹子去狩猎，这样不分层次胡杀乱猎，山神是不会高兴不能允许的！

当地导游力荐我踏雪去看嘎仙洞。出阿里河镇北行约 10 公里，大兴安岭北段顶峰之东端，沿着山体前行，渐渐看见前方陡峭的半山腰上，在皑皑白雪掩映下硕大的呈三角形的山洞。拾级而上，来到洞口，一股凉气迎面扑来，这里就是鲜卑祖先居住的旧墟石室，鄂伦春语谓之"嘎仙洞"，距今已有 1550 多年了。环视四周，异常开阔，洞内能容纳几千人，洞内入口处的石壁上镶嵌着太平真君四年刻下的仿真碑文，古朴天然。俯视山下，冰雪覆盖的嘎仙河与大鲜卑山相依相辅，浑然天成。专家说，嘎仙洞遗址是构成鄂伦春文化的重要元素，对于研究拓跋鲜卑的早期历史，具有重要文物价值。历史上的嘎仙洞是鲜卑人祖庙，是历代史学家苦苦找寻的鲜卑旧墟石室。嘎仙洞《石室祝文》于1980年考古发现，内容与《魏书》记载基本一致，反映了北魏皇帝先祖在大兴安岭游猎和南迁状况，有力证明了嘎仙洞就是拓跋鲜卑祖先居住的旧墟石室。

禁猎，是鄂伦春民族步入现代文明的标志。

鄂伦春人在中国历史上的贡献是端起猎枪。300多年前历次捍卫疆土的重大战役，都有鄂伦春族兵丁长途跋涉、持枪跃马、浴血征战的英姿。

鄂伦春人对现代中国的贡献是放下猎枪。20多年前，为了国家开发兴安岭森林资源之需，为了保护野生动物资源，鄂伦春人毅然决然走出森林，走出赖以生存之地。禁猎，是鄂伦春民族为保护祖国北疆生态的一次历史性抉择和最无私奉献，标志着原有游猎生产方式的彻底结束！鄂伦春人在巨大历史变革阵痛中经历了迷茫、焦虑和不安，但鄂伦春人在执着的探索奋斗中，向往幸福生活"中国梦"的心灵篝火，闪闪发光，生生不息！

鄂伦春族的伟大是他们没有停下学习和创新脚步；鄂伦春族的智慧是他们以"敬畏自然而尊崇自然"的文化理念，保护了泛北极地区最南端脆弱的生态；鄂伦春族的勤劳是他们千百年来，在人迹罕至的深山密林里传奇般的生存；鄂伦春族的勇敢是他们放下猎枪走出森林，为国家奉献了赖以生存的兴安岭。

放眼今日之鄂伦春，民族区域自治制度日益完善，民族团结进一步巩固。禁猎转产20多年来，鄂伦春自治旗积极主动适应新常态，深化改革、扩大开放，不断优化经济结构，转变发展方式，综合经济实力大幅提升，天更蓝了，水更绿了，青山绿水给子孙后代留下更美丽更富足的生存拓展空间。

在冰天雪地里狂欢的鄂伦春人，日子过得红红火火。

鄂伦春旗旅游资源得天独厚，有民族风情，有拓跋鲜卑历史，有大兴安岭森林生态、冰川遗迹、远古彩绘岩画、火山地质地貌，还有北疆军事基地等多种旅游资源。近年来，鄂伦春自治旗围绕"拓跋鲜卑根祖地，中华文明北归源"的文化定位，编制完成了《拓跋鲜卑历史文化园总体规划》，建设完成了祭坛、中国北方少数民族研究中心、环景区木栈道等基础设施。拓跋鲜卑历史博物馆布展各类文物藏品6000余件套，全面梳理出北方民族的源头和支流，彰显拓跋鲜卑这个源头的深远博大，对于传承和弘扬中华民族优秀传统文化，意义重大。眼下，鄂伦春自治旗实施"全域旅游、四季旅游"发展要求，不断完善民俗生态、观光休闲、文化体验等多项功能，进一步提升旅游产品质量和服务水平，给海内外旅游者捧出一个中国少数民族文化旅游最佳目的地。

魅力鄂伦春，这里有人们要寻找的诗和远方。

索溪峪：好一个"雾大的山寨"

　　我的老家在湘西北的石门土家族寨子里，与武陵源风景区东部索溪峪自然保护区距离很近，西与张家界森林公园毗邻。1969年春，我12岁时，因祖母病重，跟随父亲从太原起身千里迢迢星夜兼程赶回"龙坪寨"探望。记忆很遥远了，但一想起来，就掠过不断甩在车后的奇山秀水，感觉就是一个字：美！20世纪80年代初，张家界、索溪峪终于被撩开神秘的面纱，不鸣则已，一鸣惊人。拿来地图仔细一看，原来和我老家的山水"一叶之隔""一脉相承"啊。

　　很多旅游者探问索溪峪名字的来历，导游会很明确回复，是土家语的音译，意思是"雾大的山寨"。更翔实的阐释应为，索溪之名，据《慈利县志·事记》载："宋真宗祥符三年，慈利蛮相仇杀，治澄州知州刘仁霸宣鼓谕解之，乃筑武口、安福、杨泉、索溪、西牛五寨，以资铃控。"明清以降，索溪仍是土司地区即"慈利蛮"聚居区。索溪峪常年云雾缭绕，一片云山雾海，因此土家族老百姓叫它索溪峪，因土家语"索"取自"索白"是雾的意思，"溪"在当地汉语方言中"溪""期"同音，取自"期巴"是大的意思，"峪"是地方、地域之意。自清雍正八年"改土归流"后，索溪峪逐步汉土混居，对索溪峪之名赋予的含意亦有所变，索溪乃蜿蜒如绳之溪，诸多文流南北入汇，亦有搓索之状，峪乃山间狭谷，从形状说，切名甚合汉语语意。且此地如神堂湾等处有许多未解之谜，其中有着无穷奥秘，取屈子"吾将上下而求索"句，索溪峪更富于深深的诗情寓意。

这个山寨有多大？索溪峪景区在慈利县境内，面积约180平方公里，景区内奇峰、异峦、怪石、清流、绿荫构成各种神奇的美景，约有2000多座独具特色的险峰奇嶂，它以山奇、水秀、"桥"险、洞幽而著称于世。其西有西海景区、天然植物园景区、十里画廊景区；其南有百丈峡景区、宝峰湖景区、别有洞天景区；其东有地下溶洞景区、一线天景区、白虎堂景区等。

西海景区与桑植县天子山毗邻，是一个奇特的石林海洋。攀缘72级人工天梯入天台俯瞰群峰和云海，确实令人激动不已。十里画廊景区有三步一景之称，这里层层叠叠的岩峰个个显示出奇妙的形态：如"天狗望月""猴王瞭哨""寿星迎宾"等石景，其中"众女拜观音"造型尤为逼真。

遐想一下吧，这是一个多么偌大的山寨！索溪峪又名索溪，因溪水如绳索而得名，有着独特的地质地貌和丰富的野生动植物资源。其"山

索溪峪集雄、险、奇、秀、幽、野之特色于一体。

奇、水秀、桥险、洞幽"的特点使索溪峪成为武陵源风景名胜区中的一颗明珠。事实上,这个风光之外的山寨还有"风光的山寨"。

唐代诗人王维曾有诗云:"居人共住武陵源,还以物外起田园。"

早在 1984 年,张家界、索溪峪、天子山三大风景区就有了一个共同的美名:"武陵源"。1988 年 10 月,国务院公布武陵源为国家级重点风景名胜区。1992 年 12 月 7 日,联合国教科文组织世界遗产委员会批准将武陵源作为世界自然遗产列入《世界遗产名录》。国内外专家学者盛赞武陵源是"大自然的迷宫"、不可思议的"地球纪念物"。阅看《国际自然与自然资源保护联盟技术评价报告》可见"武陵源在风景上可以和美国西部的几个国家森林公园及纪念物相比。武陵源具有不可否认的自然美。因她拥有壮丽而参差不齐的石峰、郁郁葱葱的植被以及清澈的湖泊、溪流"。

武陵源于 2004 年被联合国教科文组织列入世界地质公园。地质公园囊括了砂石山峰林、方山台寨、天桥石门、障谷沟壑、岩溶峡谷、岩溶洞穴、泉水瀑布、溪流湖泊和沉积、构造、地层剖面、石生物化石等丰富多彩的地质遗迹。其千姿百态,变幻莫测的地貌景观,包括几乎没被扰动过的原始自然状态的生态环境与生态系统。除武陵源核心景区外,武陵源景区拥有"中华最佳洞府""地下龙宫"黄龙洞、"人间瑶池"宝峰湖、国家激流回旋基地,慈利县有江垭温泉、万福温泉、张家界大峡谷、"小三峡"娄水漂流、有"南五当"之称的道教圣地五雷山,市区所在地永定区有"张家界新传奇"天门山国家森林公园、"百里画廊"茅岩河漂流、土家风情园、老院子、大庸府城、"江南名刹"普光禅寺,桑植县有"亚洲第一大洞"九天洞、贺龙故居纪念馆、千年古镇苦竹寨、峰峦溪国家森林公园。

应该是 1988 年春天吧,解放军文艺出版社的大型文学杂志《昆仑》选择武陵源召开军事文学作品研讨会,这吹响的集结号召唤来一大批军旅作家、评论家及相关报社的副刊主笔,我有幸名列其中,与军旅战友"论坛采风两不误"，在武陵源前后活动了一个星期，留下那个年代的最难忘印象。我还被大家推举为全程活动留此存照的"专业摄影记者"。记得离开的前夜，来自海军的著名作家叶楠说："张家界、索溪峪、天子山成'品'字形排列，从地貌上来看，位于景区中心的高台地，不仅具有雄、险、奇、秀、幽、野等特色，而且各有各的不同韵味，耐人寻思。游过武陵源，不看天下山！"

我当年每晚回到宾馆后，再累再困，也是要坚持写几句旅游日记的：

索溪峪的山没有张家界的山那么峭峻，但却也巍巍层列，势如战阵。游走于"十里画廊""西海峰林"等观景区，但见深峡幽谷中的石峰一座簇拥着一座绵延伸展，犹如一幅水墨长卷，壮观不已。山坳下，溪水旁，农舍散落，鸡犬啼鸣，房顶炊烟袅袅，屋旁修竹亭亭，雄奇中透出清秀，幽深中带着恬淡，粗犷中含有妩媚。

索溪峪的水秀，里面流动一番风韵，神堂湾潜流飞瀑一泻直下，轰如惊雷，翠若碧玉。无数小溪自由徜徉，一年四季长流不息，叮咚之声不绝于耳，滴水穿石矢志不移。云梯百丈上天台，高峡平湖一鉴开。波平如宝镜的宝峰湖，悬在索溪峪南边海拔 1000 多米的高山上。四周青山，一泓碧水，清可鉴人，安谧幽静。在此泛舟漫游，令人心旷神怡。正是：碧水染得群山绿，人面桃花映水红。

桥险是索溪峪的一道独特景观。索溪峪景区内各种形状险桥很多，其中尤以百丈峡的交锋桥和十里画廊猕猴乐园西侧仙女洞口处的自生桥最有特色。据相关史料记载，交锋桥建于宋代，长约60余米，只有一个独拱，全用岩石堆砌而成，天衣无缝，独具一格。自生桥又名仙女桥，横跨于两座高耸入云的石峰之间。该桥全长约有26米，宽却不足2米，厚也不过30至40厘米。桥两头的岩石夹缝中，青松傲立，从桥上往下俯视，满目岩壑深谷，令人不敢出足前行！关于这座桥的来历，当地土家

索溪峪泉水如瀑，诗云："来生甘作石，嫁与索溪水。"

族民间有如下传说：宋末农民起义领袖向大坤起义兵败，被朝廷派兵追
至绝崖之上，前无进路，后有追兵，正在危亡之急，忽有仙女飘然而来，
抛出一白色绸带化成一座石桥，帮助向王躲进神堂湾，摆脱了官兵追杀。
自此后，探险者莫不纷至沓来，一为察看当年向王留下的遗迹，二想亲
身体验这桥的险峻。

　　索溪峪洞幽，还有不少溶洞的世界未见天日。开放的已有黄龙洞、
骆驼洞、观音洞、金鸡洞、仙女洞、牛耳洞等。其中黄龙洞为中国大陆第
二大长洞，总长20余里，内有两层水洞，两层旱洞，分一个水库，两条
阴河，两处瀑布，四个深潭，十三个厅堂，数十座山峰，真正是"洞中
乾坤大，地下别有天"啊！我们军旅作家一行游此，无不为之震慑感叹。

　　百丈峡是索溪峪的又一奇观。百丈峡中有巨崖如削，凌空约300米。
距崖基10米高的石壁上，刻有"百丈峡"三个双钩大字。其左刻明万历

年间的咏百丈峡诗："峡高百丈洞云深，要识桃源此处寻。戎旅徐行风雪紧，谁将兴尽类山阴。"百丈峡多猿，绝壁奇峡，形势险要，为古关隘。清道光《永定县志》载："百丈峡绝壁上有'银箭石'，高悬绝壁，色自如银，上有字形，可望而不可即。"此石现已无存。据传明初覃篨造反，朝廷在此设关隘。又传向王举旗造反，曾与官军在百丈峡口交战百次，故又名百仗峡。峡谷深切雄险，一溪中流。右侧原有石径，为明清时期往来慈（利）永（定）官道。其中沙坪田园、百丈峡壁、八珠潭最为奇美。

十里画廊索溪峪是精华所在，在这条长达十余里的山谷两侧，有着丰富的自然景观，人行其间如在画中。沟旁黛峰屏列，山上的岩石形成了200来尊似人似物、似鸟似兽的石景造型，其中"孔雀开屏""采药老人""寿星迎宾""猛虎啸天"等最为著名。十里画廊长约五公里，两边林木葱茏，野花飘香；奇峰异石，千姿百态，像一幅幅巨大的山水画卷，并排悬挂在千仞绝壁之上，使秀美绝伦的自然奇观融进仙师画工的水墨丹青之中。进入十里画廊沿途有转阁楼、寿星迎宾、采药老人、两面钟等十个主景点。

索溪峪还有西海、南天门、回音壁、神堂湾、猴园、植物园等景点，都是观光游览的好去处。听说有位才女作家游览索溪峪后，深情留下这样缠绵的诗句："相去千万里，心随月色归。来生甘作石，嫁与索溪水。"

人生就是一段旅程，在旅行中遇到的每一个人，每一件事与每一个美丽景色，都有可能成为一生中最难忘的风景。一路走来，我无法猜测将会迎接什么样的风景，但前进的脚步却始终不能停下，因为时间不允许我们在任何地方随意停留，只有在前进中不断学会选取，学会体会，学会鉴赏。

我后来无论是到海外当访问学者跋涉他乡，还是港澳回归前夕前往深入采访撰写专著，我都难以在心灵深处放下武陵源这个地方，忘掉我老家龙坪寨的邻居：索溪峪那好一个"雾大的山寨"，我像采撷珍珠一般，

收集着中外名流对这片神奇山水的评说——

世界遗产高级顾问桑塞尔：武陵源的自然风光有奇迹般的漂亮，完全符合列入世界遗产四个标准中的第三个标准，即有绝顶的自然现象、地层、地貌，诸如最重要的生态系统的绝妙例证、自然特征、动物大量聚集的峡谷风光，以及自然与文化要素的奇妙结合等。

崎垣成：在日本这样的美丽景色是没有的。我回到日本，一定把在张家界看到的美景告诉大家。

姆卡帕：难道世界上还有如此美妙的净土？

南希·迪克：张家界美极了，太奇幻了！人们说大峡谷神奇，我看张家界不可思议。

沙尔马：真没想到中国还有这样美丽的风景区，这是中华民族的骄傲！

琼瑶：家乡还有这么美丽的地方，真美！真没想到！40年了，我漂泊流浪，辗转着千愁万绪的乡愁。这次在家乡的大山深处，算是得到了解脱。

吴冠中：这里的秀色不让桂林，但峰峦比桂林更神秘，更集中，更挺拔，更野。

黄永玉：贤者游斯山，无不叹是山之奇绝，诡秘！

黄翔：我一生拍到三张风光佳作，黄山一张，漓江一张，张家界一张。

沈从文：险极腰子寨，幽深金鞭溪，登上黄石寨，一览众山低。

丁玲：为我平生所罕见！夫妻岩活灵活现。自然风光生得这样巧、这样美、这样奇，属天下独一无二。这儿太美了，美得叫人舍不得离开。又幽静，又清新，是一块风水宝地，也是一块文学宝地。

魏巍：春风送我武陵西，此处山水人称奇，十里画廊看不尽，更喜幽深金鞭溪。

马烽：奇峰秀石天然成。

牛汉：张家界是大自然亿万年造化的美景，诗的境界在这里千年万年写不完。

于光远：如此奇景，世上能有几处？到此一游，乃是莫大享受。

雪的精灵，冰的魂魄，双双爱上了索溪峪。

关山月：张家界汇集中国山水大全，好看又好画。

金庸：灵峰奇景，重之保之，千秋万载，共民乐之。

用这么大篇幅来引用如今叫"铁粉"的名家的赞誉之辞，我的用意不用我说，读者自然一明二白。

还有作家写过：一走进张家界索溪峪，脑子里的一切意念便都净化了，单单只剩下了一个字：野。山是野的。桂林太秀了，庐山太俊了，泰山太尊了，黄山太贵了——它们都已经"家"化了。人工的雕琢，赋予的毕竟是人工的美，这种人工的美，是不能与索溪峪的山媲美的。索溪峪的山，是天然的美，是野性的美。于是，我感到从未有过的快慰，从未有过的清爽，索溪峪的"野"，荡涤着我的胸怀！

而我，一个土家族之子，我的原乡就在武陵源暨索溪峪的山边边上，我要说，人在旅途，其实也是需要具有一种野性流浪精神的！这种精神能使人在旅行中和大自然更加接近，悠然享受和大自然的融合之乐。旅行，有一种苍凉，"浮云游子意，落日故人情"，孑然一身，隐入苍茫自然，自有一种孤独的意味；旅行，更有一种逍遥，浑然忘我，与大自然交融的境界，那才是更叫人心弛神往！……

游"渝东明珠"石柱

石柱是一个土家族自治县，地处长江上游南岸、重庆东部、三峡库区腹心，乃全国生态康养胜地。石柱头上戴着"中国黄连之乡""中国辣椒之乡"和中国最大的莼菜生产基地的桂冠。国家 4A 级景区"重庆最美森林"大风堡和"重庆最美草地"千野草场就甭提有多美了，更美的土家大型歌舞《天上黄水》精彩纷呈、让人回味无穷。还有更绝的是世界经典民歌《太阳出来喜洋洋》正是在这里唱响，巾帼英雄秦良玉在这里封侯拜将，有着 4000 年历史的巴盐古道从这里起步。我呢，则是顶着中国作家协会资深土家族会员的"光环"，受邀和全国的一些知名作家不远千里来石柱采风，得以在此感受多彩的土家风情和康养石柱的魅力。

如今，我国渐入老年社会，健康成了人们最为关注的话题之一，以"康养"为代表的大健康产业蓬勃发展，势头正猛，前景看好。作为渝东南生态保护发展区重点区县之一，石柱县抢抓时机，以"大康养产业"为第一牵引，依托良好的生态环境和丰富的中药材及农特产品等资源优势，着力发展生态观光、运动健身、休闲度假、保健康复等为重点的"康养"产业，加快建设武陵山区特色生态经济强县、民族地区扶贫开发示范县、长江上游生态文明先行示范县和全国著名康养休闲生态旅游目的地。石柱的目标很明确，内容有特色，这就是大力发展以"观养、住养、动养、文养、食养、疗养"六养为主题的康养产业，力争短时间内成功创建国家康养旅游示范基地。

石柱是以古代巴人为主体，与其他民族融合而成的土家族栖息地之一。当我到达县城下榻处，看到了这样的欢迎诗："四月芳飞武陵新，土家城郭花照春。文坛大V挥神笔，康养石柱天下名。"还看到了这样的说明语："本次活动，云集来自全国各地100位大咖，功力深厚，著作等身，在国内文坛占有重要席位。"可见当地政府的重视程度。因为我是第一次来，一切都感到很新鲜。但有些作家曾经来访过，所以纵论石柱胸有成竹，妙语连珠——

山林美景让我们步履蹒跚，浓酒乡情让我们集体失忆，最后是带薄荷香的森林风将我们全都灌醉。醒来时，听小鸟们在说说唱唱：重庆石柱有一片神秘的森林，它让你健康快乐永葆青春！

石柱：啰儿调的故乡；定位：国内一流的康养旅游目的地；理念：土家文化＋生态康养＋四季观光；做法：旅文结合、旅农结合、旅林结合、

康养胜地石柱高山草原独特的绚丽美景。

旅商结合、旅城结合。

纯粹的原味土家族风情，体现了非物质文化遗产的独特魅力；无与伦比的地貌优势和人文景观，使来者真正体验到了回归自然的触碰感和亲切感；踏青、避暑、滑雪、赏石、骑马、划船、垂钓、徒步、篝火、唱歌、跳舞、吃土家饭，这都增加了外来客人的赞誉、口碑相传和提高石柱景区的美誉度。

石柱溯源，唐宋置县。山倾西北，地陷东南。天降巨石，其形如柱，巍巍挺拔，冠名石柱。古称蛮荒之地，今乃文明之乡。地处三峡腹心，实乃人杰地灵。东至彭水，西近忠县，南连丰都，北接万县。巴盐之要道，渝东之洞天。人文石柱，千年土家传土戏，万家斗锣逗极乐。三星舞狮扬渝蜀，龙灯玩到元宵束。村庄院坝也玩牛，薅草锣鼓响田头。罗儿调调人人爱，唱响中国传五洲。

石柱我来过，虽是走马观花，但是印象深刻，毗邻长江文化大脉，山水奇绝，文化瑰丽，历史悠久，禀赋优越，是一块人杰地灵之宝地。建议旅游打好"五张牌"：一是民族文化牌，二是土司文化牌，三是长江资源牌，四是生态牌，五是地域交界资源牌。

在我的印象中，石柱，风干净，草干净，云干净，那擎天的柱子也干净。希望石柱旅游如恩施旅游，被天下人幸识，让天下人流连忘返。希望石柱旅游能始终保留她的真容真味。

千百年来，大自然似乎特别钟情石柱，满目的青山绿水。在石柱33个乡镇（街道）3012平方公里的广袤土地上，风景优美，四季鲜明：众多美丽的景区、景点诠释着土家山寨丰富的旅游内涵。但旅游的本质和感悟必须亲身体验后才能说出。

不甘落后，我们第一次到访石柱的作家们穷尽想象，搜词逐句，也抒发了一番自己的"石柱期待"和"石柱祝愿"——

长江上游的璀璨明珠，该是怎样一幅绚丽多彩的画卷？我爱旅行，走过大江南北，却还没来过石柱，所以相当期待这个融绿色生态、土家风情、历史文化为一体的地方。期待石柱带给我写作的灵感。

未去过石柱，希望能看到锦绣的自然风光，淳厚的民风，以及随手可以赞美的土家族文化。因为未涉足，所以神秘；因为未贴近，所以朦胧；因为最美丽，所以才未知，那就是心中的梦想——诗和远方。

石柱前有名闻遐迩的巾帼女将秦良玉，今有改天换地的石柱新一代创业者。石柱对于我来讲应该是放飞心梦的地方，在那鬼斧神工的美景中，蕴含着丰厚的历史文化积淀，将成为作家们的创作素材。期待在石柱发现不一样的美，通过作家的美文佳作让石柱美景乘着文学的翅膀飞向神州大地，吸引更多的旅行者来石柱旅行观光。

在春天里，让我们用脚步衡量石柱的距离；在春天里，让我们用心跳来回应石柱的呼唤；在春天里，让我们沐浴明媚阳光，感受纯天然的民俗风光。石柱，将迎来一次美丽的相约，我和你一同品尝人文自然相融的盛宴。

石柱，一切都是那么神秘、充满了新奇。石柱县是一个古朴淳美、风光旖旎的地方，是一个现代气息与传统历史共同存在的地方。石柱的深处沉淀太多岁月，常有惊艳的事物从光阴远处走出，而且你仍然不知道，还会邂逅多少历史碎片。

很想走进巴国，很想走进土家！我想回家走走，看看离家最近的风景！黄水林海深呼吸，康养石柱写梦境。梦里大西南，华夏大石柱。土家族风情与大自然同宗同源，中国梦，民族风，石柱情，深植在梦里，扎根在石柱……

我没有去过石柱，石柱是一个非常有地方民族特色的旅游景区，此次百位作家诗人石柱聚会，应该是立体深度宣传石柱的绝好机会，希望石柱在短暂的时间内尽可能地为诗人作家们提供丰富的资料与观光特色的机会。

石柱是水做的。因为有了水，所以有了绿，所以有了韵，所以有了美。我愿意到石柱去，与水相依，与水相宜，做水的朋友，做水的爱人。当你真正了解了石柱，才知道这颗深山明珠，是你康养的好去处。风情土家寨，渝东后花园。

我与作家们跃跃而动，开始了愉快的游历与难忘的采风。

游客神往的大风堡——太阳湖景区，正是石柱倾力打造的康养全域旅游业态环节中的一环。我录下了一位来自贵州游客的话："这里简直就是上天赐予的美丽之地，湖水纯净，林木翠绿，雨后的青山云海翻腾远去，居高远望，真是养人养心的胜地，世人向往的仙境也不过如此呀！"大风堡有保存最完好的原始森林，其主峰海拔近二千米，属巫山山系七曜山余脉，群峦起伏，山岭叠翠，沟壑纵横，是石柱县最高，故有"渝东明珠"之美誉。因常年大风吼鸣，山俊引人，树大招风，大风起时，风起云涌，林涛阵阵，山风呜呜，故名"大风堡"。境内山间幽芳，四季飘香，云雾缭绕，云山岚海，颇为壮观，雾凝为雨，山涧谷壑泉声不断，是久负盛名的"天然氧吧"。生活在这里的日子，怎能不是神仙过的日子呢？

走进冷水镇八龙村，传统种植"三大坨"农业生产模式正在成为过去式，只见一望无际的莼菜田在青山绿水、蓝天白云的陪衬下美得让人心醉。不少莼农穿着防水服，拿着过滤框，熟练地翻动漂浮的水生植物，寻找那些还没有露出水面的莼菜嫩叶。此情此景不时引来游客驻足观看留念拍照。由年亩产值 1000 元以下土地，变为亩产上万元的沃土，正是得益于石柱深度调整产业结构的东风。据悉，该村已实现 3800 余亩莼菜种植，年产 600 吨左右，预计可实现产值 530 万元。此外，该村利用高山生态种植黄连 2600 余亩，年产量约 150 吨，实现产值 2000 多万元。这样的转变正在石柱的每一个村落发生，围绕深度调整农业产业结构，培育"源味石柱"品牌，成功申报重庆石柱黄连生产系统全国重要农业文化遗产，积极创建全国有机农业示范基地县，巩固国家农业综合标准化示范县创建成果，石柱科学规划了莼菜、中药材、特色果蔬为重点的山地现代特色效益农业，为石柱"康养＋农业"乡村振兴产业兴旺奠定了坚实基础。

我了解到，石柱为丰富和完善康养产品，正不断整合各方资源，着力打造"六养"系列产品。譬如，以高山、森林、草地、湖泊、河流、地质公园、湿地公园等景观为依托，打造了风景"醉美"的"观养"胜地；以土家康养小镇、休闲旅游地产、康养主题酒店、乡村民居等为依托，打造了"住养"世外桃源；以丰富多彩的山地运动与竹铃球等地方特色体育运动为依托，打造了"动养"乐园；以特色土家文化和巴盐古道、银杏堂、三教寺为依托，打造了"文养"静地；以莼菜、辣椒等有机食品、土家系列康养菜品和土家摔碗酒、土家咂酒等特色饮食文化为依托，打造了"食养"天堂；以黄连等中药材精深加工、健康咨询管理服务为依托，打造了"疗养"福地。

石柱旅游资源丰富，集中体现出绿色生态、土家风情、历史文化三大特色。黄水国家森林公园里的原始森林大风堡、土家乐园毕兹卡绿宫、高原明珠太阳湖、中国一号水杉母树、天然画廊油草河等景区景点和喀斯特地貌大观园千野草场、明清古镇西沱云梯街、千年古刹银杏堂、秦良玉古战场遗址万寿寨等，犹如一颗颗璀璨的明珠闪耀在长江三峡旅游黄金线上。

"你在重庆高达40℃的高温里酷暑难耐，我在黄水享受20℃左右的清凉一夏。"这可不是玩笑话啊，即使是重庆最热的月份，黄水镇的平均气温也只有21℃左右。辖区有黄水国家森林公园、千野草场、毕兹卡绿宫、油草河、太阳湖、月亮湖等诸多著名景区。凉爽的气候加上丰富的旅游资

石柱黄水风景区的迷人晨光。

源，自然吸引了大批游客前来黄水避暑，成了重庆人首选的避暑地。但是，如果认为只有夏季才是石柱的旅游旺季，那就又错了。"Let's go冰雪游乐世界"开门迎客，结束了石柱只有一季游的局面。赏漫天飞雪，感受雪地速度与激情，体验冰雪运动的无限乐趣，这样的冬天在石柱也能体验了。如今，冷水镇成为游客冬季游的首选之地，该镇还拥有高原花海云中花都、生态游自驾营地，国际康养运动游乐中心、湿地公园、雪源温泉等，石柱形成了"春季踏青、夏季避暑、秋季观林、冬季滑雪"的四季都能游新格局。

还有万寿寨，海拔近1500米，奇峰突兀、山顶平阔、四周险峻，寨北寨南各有酷似男女的石柱耸立，称为"男石柱""女石柱"，是石柱的象征性天然雕塑。都说天涯海角是天荒地老爱情的象征，我看倒不如"男石柱""女石柱"神形兼备，寓意深远，任尔沧海桑田，依旧相依相望，痴心不改，真情不变！我愿看到更多有情人都游到此地来，采撷一束山花，许愿终成眷属……

春暖花开的季节，石柱就是以这样的妆容与作家们约会，一个多么让人依恋的地方啊。要知道，让人依恋着是多么的幸福。那一山一水，那一花一叶，只要你用心聆听，就会发现大自然与作家们是何等的默契和亲近。于是，就又有作家们开始挥笔总结了——

秀美石柱，神奇胜地，人杰地灵，美不胜收。打开思路，积极营销，互联网，招揽客源。文化领先，自然为王，加强服务，健全配套。

构建良好的旅游品牌，从人文关怀和旅游服务的细节做起；强化网络营销和口碑传递，从游客的个性化和人性化的切身感受延伸传播；举办高水准的国际活动（如国际级或国家级论坛、摄影大奖赛、征文大赛等）和国际化赛事活动（如土家舞节、徒步大会、山地自行车邀请赛等）；编排一场类似于桂林的"印象刘三姐"那样的以土家族历史和当地风俗情感为主题的大型实景演出（填补景点夜间的旅游空档，并拉动延伸消费）；财团资本介入，做大做强做足旅游景点品牌和衍生品牌。

希望石柱的旅游能让自然风光与土家文化双管齐下，要是能下河游泳，能上山摘茶瓣、羊奶奶果，能吃到绿豆皮、米豆腐、油粑粑，能喝到油茶汤，能住进吊脚楼，能让人记住浓浓的乡愁就更好了。深厚的文化底蕴，俊秀的自然风光，奇妙的人文景观，加上长江的孕育，石柱令人向往。养在深闺的好风景，需要提高知名度，让她的天生丽质吸引世界的目光。……

土家生态秀，康养石柱游。屈指算来，我离别石柱已近两年有余。那里的一切，都牢牢地定格在我的记忆中，让身在北方的我依依不能忘怀。我写这篇小文，也只能挂一漏万。好在有几个川籍作家，已在石柱买房安居养老，并从那里不断有新的信息沟通获取。其中有一位刚给我发来他泼墨写就的一副对联："太阳出来喜洋洋，康养石柱享吉祥"。我立马回复给他的是："石蕴康养，柱福天下"。

探寻精神密码之旅

　　习近平新时代中国特色社会主义思想，凝聚了中国共产党的新使命，开启了全面建设社会主义现代化强国的新征程。走得再远、走到再光辉的未来，也不能忘记走过的过去，不能忘记为什么出发。不忘初心，就是一种坚守！上海党的一大会址、嘉兴南湖红船是我们党梦想起航的地方。我们党从这里诞生，从这里出征，从这里走向全国执政。这里是我们党的根脉。

　　上海中共"一大"会址纪念馆分为两部分，一是革命历史文物展，二是"一大"原址。展馆文物非常丰富，介绍了中国共产党诞生的历史过程以及成立后的革命活动，可以瞻仰"一大"代表的照片、栩栩如生的蜡像以及建党时的珍贵文物文献等展品。1920 年 9 月印刷出版的《共产党宣言》首个中文译本（国家一级文物），庄严地放在展厅正中央的密封柜内。李大钊个人照原件和他的英文打字机等文物，环绕四周，逐一陈列。陈望道翻译《共产党宣言》时"蘸着墨汁吃粽子，还说味道很甜"，真理的味道如此甘甜，激励一代代共产党人前仆后继，英勇奋战！讲解员说这一译本由一位共产党人的老父亲放在衣冠冢中才保存下来，这是多么珍贵而传奇的历史见证啊！

　　1952 年 9 月，"一大"会址辟为革命纪念地对外开放，建馆以来，征集、收藏文物 3.8 万余件，累计接待国内外观众达几千万人次，"一大"会址成为闻名遐迩的全国爱国主义教育示范基地。

"一大"会址是一座典型的石库门建筑，石库门本身就是上海开埠后诞生的一种中西合璧的建筑结构，中国共产党人从

1921 年 7 月 23 日，中国共产党第一次全国代表大会在上海法租界望志路 106 号（今兴业路 76 号）秘密召开。

石库门中走来，具有某种象征意义。100 年前，在这扇大门后的狭小厅堂里，共产党的先驱者探讨中国的前途和命运，点燃第一簇革命星火。"一大"会议室约 18 平方米，雪白墙壁，朱红地板，一张长方形会议桌，12 只圆木凳，整个会场十分庄严。"一大"于 1921 年 7 月 23 日至 30 日秘密召开，各地 7 个共产主义小组派 12 名代表出席。会议受到法租界巡捕袭扰后，转至嘉兴南湖一条游船上继续举行。在风雨如晦的南湖上，党的第一个党纲和决议正式通过，庄严宣告党的诞生，中国共产党人的"红船"正式扬帆起航！

那时的中国积弱积贫、九原板荡、百载陆沉，是一艘"无一处没有伤痕"的破船。"开天辟地""焕然一新"，毛泽东曾用这 8 个字来形容中国共产党诞生的非凡意义。从成立时全国只有 50 多名党员，到如今全党有 9191 万名党员，468 万个基层组织。坎坷漫长的历程，人民与共和国一同见证，党率领不屈的中华儿女浴血奋斗，在古老的中华大地上创造出令世

界瞩目的巨大成就，并继续书写着新的光荣与梦想！永远不能忘却共产党人梦想起航的地方，从这里出发，为理想拼搏，翻开风云激荡的红色篇章，在历史中汲取磅礴力量，为的是牢记使命，永远奋斗。

自唐代以来，南湖就以其烟雨迷蒙的秀丽景色成为江南著名游览胜地。烟雨楼，取名杜牧《江南春》："南朝四百八十寺，多少楼台烟雨中"！而今天的南湖闻名于世，则在于南湖发生过现代史上开天辟地的大事变！环绕"红船"的南湖景区，平均每年参观者逾 100 万人次。新中国成立 60 周年之际，南湖革命纪念馆扩建 2 万平方米新馆。湖心岛烟雨楼下的堤岸旁，泊着的就是举世闻名的中国革命领航船，人们敬畏的"南湖红船"，这艘船定格了 100 年前开天辟地大事件的历史画面，再现了中国共产党创建之初的苍茫岁月。

那一年，那一天，"一大"因被巡捕窥探、被迫中断，代表们辗转

红船劈波行，初心映使命。

来到嘉兴泛舟于"轻烟漠漠雨疏疏"的南湖之上，7个小时，从日头正浓到夕阳西下，代表们讨论通过中共第一个纲领和第一份决议，选举产生了中央局。抚今追昔，"小小红船承载千钧，播下了中国革命的火种，开启了中国共产党的跨世纪航程"。

"秀水泱泱，红船依旧；时代变迁，精神永恒。"什么是"红船精神"？"红船精神"就是："开天辟地、敢为人先的首创精神；坚定理想、百折不挠的奋斗精神；立党为公、忠诚为民的奉献精神。"在南湖革命纪念馆，"整个展览的设计和布局中，已经把红船精神的内涵全部融入其中了。人们来到这里要听的、要做的，就是把这个故事领悟好，把这种精神传承下去。"我看到，在纪念馆门口，有一个宣誓广场。重温入党誓词，就是时刻提醒每一位党员牢记"红船精神"！客流涌向南湖，景区将以"不忘初心"为主题，充分利用红船载体开展爱国主义教育，使南湖成为"红船精神"的最佳的传播者和弘扬者，"红船精神"，永放光芒。

在实现中国梦的进程中，红色旅游主题活动不断涌现，红色旅游热不断掀起。井冈山、遵义、韶山、延安、西柏坡等多个革命圣地不断涌现瞻仰热潮，旅游人数均呈井喷式增长态势。从井冈山景区井冈山博物馆到贵州遵义会议纪念馆、延安革命纪念馆、中国人民抗日战争纪念馆、辛亥革命博物馆等多个革命圣地，游客数量都是一路攀升。欲知大道，史可为鉴。参观热潮已经不局限于热门红色旅游地标，素有"中国第一将军县"之称的湖北红安县和天津市多个红色场馆也迎来参观热。平津战役纪念馆接待的游客中，以家庭、学校为单位的团体游明显增加，游客年龄更趋于年轻化。在许多革命历史纪念馆也呈现出参观热潮，游客蜂拥而至，怀着对先驱者的无限崇敬瞻仰历史陈列，其中不少佩戴党徽的共产党员在参观中学习党史，追寻党的奋斗历程。

历史因铭记而永恒，精神因传承而不灭。贯穿不忘初心、坚定"四个自信"、历史担当意识和务实思想方法，给我国红色旅游带来巨大推动力和无穷创新力。可以说，我国的红色旅游进入了认识最深、力度最大、举措最实、推进最快、成效最好的时期。担负起弘扬党的光辉历史的崇高任务，是中国特色社会主义进入新时代后党和人民赋予红色旅游的特殊使命。红色旅游寓教于游，怡情养志，益德益智，是实实在在的心灵升化之旅、精神家园之旅。发展红色旅游符合党心民心，顺应新时代潮流，推进了爱国主义和革命传统教育大众化、常态化。

红色旅游让人们从党的光辉历史中汲取前进力量，凝聚中国精神，讲述中国故事，发展红色旅游的核心是进行红色教育。新征程上，不可能都是平坦大道，将会面对许多重大挑战，必须具有强烈的担当精神。在新的历史方位上弘扬党的光荣传统传承红色基因、培育和践行社会主义核心价值观离不开红色旅游；牢固树立广大人民群众，特别是青少年的理想信念离不开红色旅游。红色旅游以实地实物实景承载凝聚了中国共产党在近百年奋斗历程中所创造的红色精神，这就是以爱国主义为核心的民族精神和以改革创新为核心的时代精神，如红船精神、井冈山精神、长征精神、延安精神、西柏坡精神、两弹一星精神等等。这些红色精神就是红色旅游的精髓和灵魂。"中国共产党人的初心和使命，就是为中国人民谋幸福，为中华民族谋复兴。这个初心和使命是激励中国共产党人不断前进的根本动力。"红色旅游行业抓住中国特色社会主义新时代的发展机遇，发挥独特优势，找准发力点，乘势而上，主动作为，夯实基石，正在形成产业发展新格局。大力发展红色旅游，凝聚新时代精神力量，"重走长征路""重走赶考路"等不忘初心、砥砺奋进，接地气、惠民生的复合型红色旅游产品，将进一步提升红色旅游的影响力和吸引力。可以确信，在新的时代，红色旅游必将担当起新的历史使命，红色旅游已经迈入进入新时代。

太行小城·涉县史记

早就想去太行山涉县，这是因为：抗战时期，涉县曾是晋冀鲁豫边区的腹心地、首府县，地处华北抗战前哨，是华北抗战的一个战略要地。正是在这里，老一辈革命家运筹帷幄，决胜千里，指挥大小战役，解放大半个中国，拉开解放战争战略大决战序幕，打出"刘邓大军"的赫赫名声！从这块红色土地上，走出 2 位元帅、3 位大将、18 名上将、48 名中将、295 名少将。特别值得一提的是，原 129 师的将帅们生前心系太行山，死后魂归将军岭，从 1986 年以后，刘伯承、徐向前、李达、黄镇、王新亭、袁子钦、何正文、赵子岳等将帅灵骨陆续安放在山上，在灵骨安放处镌刻了将帅雕像和纪念碑，并建造矗立起刘伯承元帅纪念亭。

太行五指山"悟文化"专家研讨会选择在涉县召开，我受邀以《中国文化报》文旅视界专刊主编、高级记者、旅游文化产业专家的"名片"出席，凤愿得以实现，有幸在涉县深入"体验"，全域旅游了一把。

在太行小城涉县住了几天，领略到一种另类"山居"生活，涉县可采莲，莲叶何田田，接天无穷碧，云香暗底添。绿云拥扇轻摇柄，平池碧玉烟波动。在这个经过千年时光雕刻的小城，让人找到"世外桃源"，择到"人间乐土"，打开窗户就能看到碧水蓝天，拉开门栓就能嗅到野花芬芳，山泉就是跳动的音符，鸟儿就是天籁歌手。

　　涉县位于太行山东麓，河北省西南部，晋冀豫三省交界处，境内有漳河及支流清、浊漳河，千百年来，人民从事劳作，相互往来，都离不开跋山涉水，久而久之，这里因涉水而名。让我称奇的是，在这地貌属深山区、太行余脉盘亘全境的地方，竟然也有一座五指山，和李双江唱的那个海南五指山同名同姓！

　　举办研讨会的太行五指山景区位于太行山东麓，周围群山环抱，清漳河绕山而过。神奇的是这里有一列约3公里长的山脉，大自然巧夺天工形成一座仰卧大佛形状，大佛赤裸的脚趾直指苍穹，五指山大名就这样叫出来了。放眼望去，四周皆是陡峭峰峦，近乎直立之石壁与白云牵手。远近之处，沟沟坡坡，漫山遍野，青葱翠绿。这是没有被破坏的原始次生林，不时能看到无数野花点缀其间。抬脚向前走，即进入碎石铺成的林间小道。景区的杨总边走边对我说，五指山开发遵循的是原生态原则，没有大兴土木，不搞路面硬化，就地取材，追求天然。走在这样的碎石路上，能让人感受到人类和大自然的友好和谐。

远眺群峰列阵中突兀而拔起的涉县五指山。

与当地老乡交谈，才得知五指山传说很多。话说远古时期，南海观音菩萨要到五台山参加文殊菩萨法会，乘南海巨寿龟从普陀山往北走。由于路途遥远，就让紫微星引路到了太行紫微山。菩萨悠然前行，忽见群峰耸翠，瑞气升腾。禁不住放缓脚步，慧眼望去，但见祥云缠绕，佛光呈现。原是如来佛祖伫立山头，正为美景陶醉。观音菩萨按下云头，急忙近前见礼。只听佛祖说道："此处山川蕴秀、草木含灵，实是天设佳境，地呈灵宫。我等从南到北，路途遥远，我意在此设一驿宫，你看如何？"观音菩萨应道："如此甚好，这样众佛家弟子南北往来也有个歇息之处。"佛祖点点头，慢慢挥起左手："我看这儿高峰竞秀，各有姿态，如熊耳耸天，就叫熊耳寺如何？"观音听后道："佛祖英明，此名因应地形，因形取名，甚为妥当。"

观音菩萨唤来座下灵寿龟，吩咐道："我与佛祖前往五台山参加文殊菩萨法会。建寺之事着你驻此办理。"灵寿龟建寺之后，也留恋此地，便化形为山，驻扎于此。寺庙建起来后，香火甚旺，百姓祈福求安，僧众越来越多。鼎盛时期，佛家弟子逾千，寺庵24座院落。晨钟暮鼓，诵经礼佛之人络绎不绝，成为晋冀豫交界地区闻名遐迩的开山祖寺。在五指山从北向南望去，山峰呈一座大佛之像，传说是佛祖五台山归来歇息所化。如今，久藏深闺的太行五指山，摘去神秘的面纱展现真容，成为人们消夏度假寻幽的顶好去处。

太行山为丹霞地貌，山顶一般都是红褐色赤裸山石，但唯独五指山景区一带例外，这里山顶大都比较平缓，覆盖着连绵敦厚的土层，生长着茂盛蒿草，形成难得一见的高山草甸。五指山周围群山环抱，山势巍峨俊秀，植被郁郁葱葱，以"雄、奇、险、秀"著称。景区是集自然风光、森林公园、红色旅游、佛学研修、人文景观、峡谷漂流和滑雪为一体，供游客观光游览、休闲度假、餐饮娱乐、体验健康生活的大型风景旅游胜地。

太行五指山不光自然景色优美，还有着丰富的红色旅游资源，朝鲜义勇军总部旧址就是其中之一。朝鲜义勇军由一批朝鲜热血青年在武汉组建，后转战至涉县。1942年7月，朝鲜义勇军总部由司令员武廷率领进驻涉县河南店镇南庄村五指山一带，司令部设在王书文家。1942年8月，郑律成来到涉县。郑律成不得了啊，我一参军就与他"亲密接触"了，因为他是《中国人民解放军军歌》的作曲者！郑律成1914年生于朝鲜光州，1933年来中国参加救亡运动，1937年抗日战争爆发后奔赴延安，创作《延安颂》《八路军大合唱》等红色经典乐曲，其中《八路军大合唱》中的《八路军进行曲》后改名为《中国人民解放军进行曲》，1988年该歌曲正式定名为《中国人民解放军军歌》。郑律成在三年多的战斗生活中，发扬国际主义精神，担任朝鲜革命军政学校教育长、朝鲜义勇军负责人，1943年随八路军、朝鲜义勇军在涉县五指山开展大生产运动，创办"三一"商店、太行纺织厂、朝鲜义勇军医院（大众医院）、照相馆等，为中国抗战胜利做出特殊贡献。并以太行山战斗生活为题材，创作电影剧本《武装宣传队》，在涉县留有故居、使用过的水井、开垦的菜地等遗迹。这些抗日旧址如今依然保存完好。我来时，太行山郑律成纪念馆和故居复原工程已竣工开放，围绕红色革命文化打造的军歌作曲者、革命音乐家郑律成创作基地及音乐纪念馆展示区、文物收藏区等引来川流不息的游人参观瞻仰。

娲皇宫位于涉县中皇山上，为中国神话传说女娲娘娘炼石补天、抟土造人之地。娲皇宫属全国重点文物保护单位、国家5A级景区、中国五大祭祖圣地之一，是中国最大的女娲祭祀地。我特别注意到，这是一个"凤毛麟角"的国家5A级景区。每年农历三月初一至三月十八，为女娲诞辰祭典之日。是时，全国多地游客以及海外华侨前来祭拜华夏族人文先始，是中国规模最大、肇建时间最早、影响地域最广的奉祀女娲的历史文化遗存，被誉为"华夏祖庙"。娲皇宫解说员训练有素，讲得有声有色有文史：景区坐落在一万年前的新石器时代遗址上，由补天园、补天湖、娲皇宫和补天谷等组成。娲皇宫自汉代创建神庙三楹，现存北齐石刻、唐代题记、宋代砖墙、明清建筑等古遗址，有林地、山谷、园林、水系等自然景观，其中，北齐摩崖石刻、主体建筑娲皇阁、女娲祭典为景区三大精髓，分别以"天下第一壁经群""活楼吊庙""国家非物质文化遗产"的殊荣享誉国内外，是研究我国根祖文化的重要基地。还听说，每年三月十八日庙会时，登楼的人多了，楼阁就会整体晃动，亲身感受过的人无不啧啧称奇。娲皇宫距今已经有1400多年历史，庙身虽然常常晃动，但却十分牢固，即便周边房屋都在过去的地震中倒塌受损，它却安然无恙。但我们参加研讨会的专家都建议，从保护珍贵文物考虑，还是严格控制登庙楼的人数或禁止入内为妥。

娲皇宫的精髓是摩崖刻经，面积达65平方米，有13.7万多字，被称为"天下第一壁经"。依托这一古代建筑群，涉县主打"华夏祖庙娲皇宫"品牌，定期举办女娲文化节和女娲公祭大典，举办全国性"女娲文化和摩崖刻经研讨会""女娲文化高层论坛"等系列活动，发起成立全国女娲文化联谊会，组织专家对女娲文化进行研究整理，创作长诗《女娲九章》、剧本《女娲》等文艺作品，大型驻场表演《娲皇颂歌》《娲皇神韵》每天上午定时在景区公演。

20世纪70年代，我刚参军时酷爱写诗，用节省下的津贴费买过不少诗集，其中就有诗人阮章竞的《漳河水》。后来才知道，诗人与涉县有密不可分的联系。阮章竞是广东中山人，家贫，只上过4年小学。13岁当油漆画学徒工，20岁在上海打工糊口，抗日战争爆发后投奔八路军。他说自己有12年一天都未离开过太行山。他以洪荒、啸秋为笔名最早从事剧本创作，作品有话剧《未熟的庄稼》《糠菜夫妻》和歌剧《比赛》《赤叶河》等。

月圆是画，月缺是诗。1943年春，阮章竞在涉县下温村创作长诗《柳叶青青》，之后便酝酿写作《漳河水》，这是继李季《王贵与李香香》之后诞生的又一部新诗力作。《漳河水》取材于太行山解放区涉县漳河两岸人民的斗争生活，深刻地反映了以荷荷、苓苓、紫金英这三个农村妇女为代表的中国劳动妇女，在新旧两个社会里的不同生活道路和不同历史命运。长诗采用太行一带颇为流行的民歌形式，结构严谨，熔写景、抒情和叙事于一体，在叙述上自由灵活，富于变化，诗歌语言清新、朴素、明快、自由，并富于较强节奏感。《漳河水》对我国现代长篇叙事诗的创作进行了有益探索，从而奠定了其在中国新诗上的重要地位。在涉县，阮章竞还创作了长篇叙事诗《圈套》、民歌体抒情诗《送别》《盼喜报》等，开启了新诗"阮章竞时代"。阮章竞在涉县生活战斗创作了那么久，老区人民对他怀有深深的情感与怀念。

登高远望，伫立将军岭上，仿佛走进"九千将士进涉县，三十万大军出太行"、涉县军民跟随刘邓大军一起浴血奋战的峥嵘岁月。

1940 年 6 月，129 师司令部驻扎涉县常乐村，同年 12 月迁驻赤岸村，1945 年 12 月底离开涉县。抗战八年，在涉县驻扎 6 年之久。抗日战争和解放战争时期，在赤岸村，由三个具有鲜明北方民风的农家四合院里，刘伯承、邓小平等老一辈无产阶级革命家曾在这里战斗生活，研究部署大小战役 31000 多次，打响抗日战争中长生口、神头岭、响堂铺和解放战争中上党、平汉等著名战斗和战役，创建全国面积最大、最巩固的晋冀鲁豫边区抗日根据地。院子中刘邓首长亲手栽种的丁香、紫荆树已经长得高大挺拔，枝繁

大气磅礴的涉县八路军 129 师群英雕塑。

叶茂。从 1937 年抗日战争爆发到 1946 年挺进大别山 10 年时间，129 师的战斗主题就是"我们在太行山上"，具体的坎坷历程分别为"挥师入太行""鏖战太行""太行情深""雄师出太行"，从中引申出的赫赫战绩，在中国革命史册里闪烁光辉。需要特别提一笔的是，这里还是《人民日报》《人民画报》《新华日报太行版》诞生地和《毛泽东选集》第一卷印刷地。中央人民广播电台的前身华北新华广播电台在涉县开播，中国人民银行前身之一的冀南银行总行也是在涉县诞生。

我在这里的最新见闻是，看到"当一天八路军活动"正在红红火火开展。该活动以"当一天八路军，做一回老区人"为主题，推出穿八路军衣、吃八路军饭、唱八路军歌、行八路军路、体验当年八路军艰苦朴素的生活等系列活动，于细微处继承传统，寓教于游不忘初心，收到非常好的效果，尤其受到青年学生的热捧和拥戴。

从未来过的地方，走下去，才会有惊喜。当漫游到位于涉县固新镇境内的黄花山风景区，这里是冀、晋、豫三省交界处，一个"鸡鸣三省"的绝妙之地：西行二华里进入山西，南行十华里便是河南，地理位置特殊，山势险峻，群峰竞秀，森林茂密，隐天蔽日，当地乡亲说这里四季皆景，正是春来满山黄花，盛夏松影如荫，深秋红叶满山，冬天林海雪原。进入紫云洞和白龙洞，洞内有栩栩如生的钟乳石，如迷宫仙境，让人心旷神怡。听听景点的命名就可以想到它的引人入胜：苍鹰探海、九龙池水、八百云梯、松林密道、情人幽谷、大槐树下等等，原始景观天然去雕饰，让游人们宛若游走于人间仙境一般，无限陶醉。

当我依依惜别涉县小城时，背面是一座三门四柱的大理石牌坊，古朴典雅而又肃穆庄重。台阶远去，牌坊远离，元宝状巨石上由著名书法家松阳先生题写的三个楷书大字"五指山"，书体遒劲，风骨岸然，鲜红的大字如同燃烧的火炬，永远留在了心的大海和情的峰峦之间。

探秘泸沽湖

　　游完西昌驾车向泸沽湖奔去，行色匆匆，皆是因为有三位朋友不止一次这样对我说过——

　　一位画家说：泸沽湖不能画出来，因为水太蓝，画出来像假的。

　　一位诗人说：泸沽湖的水可以直接吸入笔中写诗，但诗无法体现意味。

　　一位摄影家说：泸沽湖无法用镜头完美展示，因为镜头拍摄的是真实存在，泸沽湖的美只能感悟，无法言传。

　　进入四川省盐源县与云南省宁蒗县交界处，湖泊面积50.1平方公里的泸沽湖映入眼帘。泸沽湖，古名勒得海、鲁枯湖，纳西族摩梭语"泸"为山沟，"沽"为里，意即山沟里的湖。泸沽湖属高原断层溶蚀陷落湖泊，属长江上游干流金沙江支流雅砻江支流理塘河水系，是中国第三大深水湖泊和云南省海拔最高的湖泊。在泸沽湖周边，主要居住着摩梭人、彝族和普米族，优美的自然环境和奇特的民族风情，成就了这个驰誉中外的著名旅游风景区。

　　大数据显示，以我来此采风的前一年2017年为例，丽江方向购票进入景区游客人数为105万人，仅门票收入就突破亿元大关，达到1.005亿元；四川方向接待游客115万余人次，旅游收入12.88亿元人民币。同时，当地大力推进产业扶贫，每年从门票收入中提取200万元，设立"泸沽湖摩梭文化保护基金"，支持摩梭大家庭和摩梭人传业创业。有个舞蹈队的几十名摩梭青年男女队员，白天工作，晚上跳舞，每月光跳舞收入有几千元，民族舞成了摇钱树，让他们发家致了富。

傍晚时分抵达泸沽湖，我下榻的旅舍紧紧依偎着泸沽湖，乃"网红"民居，这是行前早就在网上预定好的，否则就不可能"躺在榻上赏泸湖"了。轻轻推开窗扉，一片宽阔纯净的湖水便荡漾而来，直逼眼帘。吃罢美味可口的当地风味晚餐后，爱好中国古典诗词的民居小老板在湖边跟我神侃起来，他说，许多古代著名诗词，都可以借用来描写点赞泸沽湖比传说还要美的美景。就这样"纵横捭阖论泸沽"，我俩合起伙来在中国古代著名诗词中"穿越"玩了一把。

苏轼《饮湖上初晴后雨》："水光潋滟晴方好，山色空蒙雨亦奇。欲把西湖比西子，淡妆浓抹总相宜。"诗中的西湖，换成泸沽如是，论面积，西湖还不到泸沽湖的1/8呢。

李白《游洞庭湖五首》："南湖秋水夜无烟，耐可乘流直上天。且就洞庭赊月色，将船买酒白云边。"将洞庭换成泸沽，也很到位。我看到，高海拔的泸沽湖，无论月色还是霓云，比洞庭湖更扎眼更漂亮，无论是纳西族人还是彝族人，都可来向我们游人出售美酒。

谢朓《晚登三山还望京邑》："余霞散成绮，澄江静如练。喧鸟覆春洲，杂英满芳甸。"只需改动一个字，"澄江"改成"澄湖"，就可用于形容泸沽湖了。余霞美、百鸟鸣，湖面上还游弋着成群野鸭，绿树青葱，杂英满甸，大约到冬节，更可领略一丛丛盛开的梅花。

张若虚《春江花月夜》："江天一色无纤尘，皎皎空中孤月轮。 江畔何人初见月？江月何年初照人？ "诗中的"江"都改成"湖"字，赞颂泸沽湖正当时。泸沽湖湖面海拔2600多米，天湖一色，湛蓝透彻，空气装了罐头就可出口，绝对"无纤尘"啊！

　　杜甫《戏作俳谐体遣闷二首》："异俗吁可怪，斯人难并居。"泸沽湖边摩梭人处于母系氏族社会阶段，仍实行走婚制度，摩梭人习俗的确古老，但摩梭人并不排斥跟外族通婚，旅游者来到泸沽湖边，假如够幸运，若有摩梭姑娘情投意合，也可以加入走婚行列牵手终生。这儿有个杨二车娜姆嫁给了外国人，被亲切地称之为"国际走婚"的摩梭姑娘。

　　当然，古今中外很多文人墨客不吝才情，因泸沽湖的美而直接留下许多佳诗妙句。明代诗人胡墩诗赞："泸湖秋水间，隐隐浸芙蓉。"清代诗人曹永贤盛赞泸沽湖如蓬莱仙境一般："祖龙求神仙，三山渺何处。不知汉武皇，开凿南来路。灵鳌鼎足蹲，缥缈凝飞渡。莫载欲人俱，恐为风引去。"20世纪初，美国探险队队长洛克博士游泸沽湖过程中不知惊呼了多少次"My god"："英吉利之甘巴兰湖也没有这样的美丽……笼罩在这里的是安宁平和的奇妙，小岛像船只一样漂浮在炫丽的湖上，真是

泸沽湖秋色咏叹调：一汪湖水美妙如仙境一般！

一个适合神仙居住的地方！"其实这个洛克博士是植物学家，曾经在泸沽湖住过整整 8 年，他实地考察走访、采集标本，与摩梭人关系处得相当好，摩梭人对这位朋友怀有深厚感情，当地民间很多人称他住过的岛为"洛克岛"。

清晨的泸沽湖最是妩媚，像一位清纯而又多情的姑娘。既有现代的浪漫与热情，又有古典的含蓄与优雅。泸沽湖风景区以其典型的高原湖泊自然风光和独特的摩梭母系民族文化形成了特色突出的自然景观与人文景观。摩梭人是中国唯一仍存在的母系氏族社会，实行"男不娶，女不嫁"的"走婚"制度。走婚的男女双方分别叫"阿注""阿夏"，故称"阿夏婚"。这个仍然保留着母权制家庭形式的地方，被称之为"神秘的女儿国"，母系家庭中母亲主宰一切，女性在家庭中有着崇高的地位。摩梭人几乎全民信教，除了信奉自己的原始宗教"达巴教"外，还信仰喇嘛教。他们的住宅多为方木垛成的井干式木楞子房，以木板当瓦，内部结构为适应其母系原则而组成的家庭生活特点，有火塘所在的正室为全家"紫禁城"，旁有老人及未成年孩子住房，另一幢二层小房为"客房"，上为青壮年妇女与他们的"阿注"居室，保留着典型的母系氏族公社时期的一些特征。家里地位最高、"官"最大的是老祖母，由她管理主宰家庭事务分配一切，不存在因家庭财产纠纷而不和。没有结婚证却一样可以忠于一人，忠于爱情，摩梭人男人不养育自己的儿女，而是作为舅舅养育自己姐妹的孩子。

泸沽湖刚开发开放旅游时，有些游客误解"走婚"，以为到了晚上是个男人就可爬到"阿夏"的花楼木窗下谈情说爱，其实怎么可能呢！当地人说，在这方面，杨二车娜姆的开放和高调张扬，起到推波助澜的作用。这个有些传奇色彩的摩梭女人，加上后来罩上的歌手、作家、旅行者、演员等多重光环，并非摩梭女人的本性代表和形象化身。围绕如何把岌岌可危的摩梭文化保存传承下去，当地文旅管理部门提出"村内游，村外住""改造如旧，修新如旧"的摩梭家园建设保护理念，建成开放"摩梭博物馆"等等，这些都是很好的做法。但我以为更重要的是，要让当地人真正明白，摩梭文化保留得越原始越纯粹，摩梭人的生存空间和发展空间就越强越大。

谛听着摩梭人流行吟唱的这首古老歌谣——当我还在襁褓中睁眼认识世界时／首先映入我眼帘的是母亲的面容／当我还在襁褓中饥渴啼哭时／首先进入我耳中的是母亲的催眠曲／慈祥的母亲之神啊／世间万物离不开您的养育／您的恩德比山高比水长／尊敬的母亲之神啊／您的神灵注视着我们／谁要违背您的古规／就要受到魔鬼的惩罚……我的来自文旅系统的导游和当地摩梭人熟络，主动提出带我到一户摩梭人家"体验生活"，太难得了。一个典型的摩梭人家：外祖母、母亲、女儿；标准的摩梭建筑：祖母屋、花楼、草屋、经堂。花楼不轻易让人进，我有幸受邀走入祖母屋，宽敞的木楼里略显灰暗，起居做饭都在此。老祖母很热情，虽然语言不通，从那布满沧桑堆满质朴微笑的脸上，可以感受到老人家的慈善好客。落座后，外祖母和母亲马上在火塘点燃柴火，吊上水壶开始煮茶，并拿出自制的加了当地蜂蜜的摩梭粑粑传统小吃请我品尝。少顷，即将成人的女儿闻讯盛装赶来，很有"范儿"地当起我的摄影模特，应当说一家人都能很好地配合我的采访拍照。

攀谈中，通过导游翻译，我进一步了解到：摩梭人对年轻男子都称"阿牛"，女子都称"阿夏"，外祖母、母亲、女儿为家庭的主要生活支柱，祖父、父亲的关心照顾则为辅助形式。摩梭人的走婚，即所谓"男不婚女不嫁"，并不是没有婚姻，而是形式不一样。他们的婚姻没有父母之命、媒妁之言，属自由恋爱，婚姻透明，交往不混乱，讲求一对一，并非今天跟你，明天跟他，相对也是很稳定的。结婚和离婚有约定俗成的程序，谁和谁走婚到一定程度关系稳定了，全村人都知道。只是，"阿牛"晚上到"阿夏"家，天不亮就走，白天也不在"阿夏"家住，是和兄弟姐妹们一起生活。

男人不是一推了事，同样要承担双方家庭的责任和义务。摩梭人以女为大，称泸沽湖为"谢纳咪"（母海），尊崇格姆女神。祭神台下，母海碧波万顷，格姆女神山拔海而起，高耸入云。"转海节""转山节"期间，摩梭人举家前来在此祭拜母海神山。

"花楼恋歌"的演出很出彩，通过纪实性、真实性的表现手法，让观众对摩梭人的独特神秘文化遗存、奇风异俗有一个直观真切的了解。演员均为泸沽湖畔的原住摩梭人，采自摩梭人日常生活中使用的服装、农具、乐器作为演出道具。演出剧场为一个放大了的祖母屋，让观众置身一个真实的祖母屋，表演区和观众席融合。中心表演区周围围绕剧场做出两组花楼，充分体现摩梭建筑的特点以及摩梭人的浪漫色彩。剧场朝向泸沽湖一侧的墙面可完全开启，剧场与真实的泸沽湖衔接在一起，通过摩梭人原生态的音乐舞蹈，表现摩梭人出生、成长、婚姻、劳动、祭祀等生老病死的整个过程。

草海"走婚桥"两侧，摩梭人"练摊"售卖旅游特色纪念品。

泸沽湖东南面是壮观的草海，著名的走婚桥就"扎"在草海上。"草海"指长满草的高原湖泊，是泸沽湖的子湖泊，水水相连。旅游者在这里，无拘无束，撒欢发呆皆可，看野鸭戏水，看碧波荡漾，看云卷云舒，看青山如黛。在湿地里乘坐"阿夏"划的船，顺着弯弯的、浅浅的河道，畅游河道，船在湖中走，人在画中游，听蛙声一片，抚如茵绿草，沐白云蓝天，醉微风拂面。相传，走婚桥是摩梭青年男女约会的地方，是泸沽湖上唯一的木桥。原名草海桥，长 300 多米，系连接两岸的纽带，也是两岸 "阿牛"到"阿夏"家夜晚走婚的重要通道，又被誉为"天下第一爱情鹊桥"。如今，白天桥上游客如织，已无神秘走婚的蕴意，更是一处旅游观光的网红景点。

喇嘛寺坐落在泸沽湖草海旁，是藏传佛教最古老的"本波教派"（黑教）的宗教场所。自从喇嘛教传入泸沽湖之后，当地便相继兴修了黑黄两教派的寺庙，喇嘛寺是唯一的黑教寺庙。寺庙按律举行的晒佛、祭太阳神等法事活动，成为摩梭人的盛大节日。格姆女神山是泸沽湖四周最高的山峰。山顶洞里有天然形成的石钟乳女性人像，因而在摩梭神话传说中，此山是格姆女神的化身。现已开通索道缆车直达半山腰的女神洞，乘坐缆车也可以饱览泸沽湖全景。转山节期间，摩梭人都要上女神山祭祀女神。从山头到山脚，转山的队伍形成一条条色彩绚丽的长龙，"女神歌"响彻云天。中国名山成十上百，格姆女神山"天人合一"别具风采。女神山下的达祖湖湾怀抱安娜俄岛，让人心动和行动的是，湖湾中还有一个完整而纯粹的纳西村。纳西族一样历史悠久，纳西文化博大深厚，进纳西村体验纳西风情，在唱罢"泸沽湖情歌"之后再唱"纳西姑娘花花色"，感受又是大大不同，让我再感不虚此行。

泸沽三岛即指尼喜岛、里务比岛和奈终普岛。早在 200 多年前，《永北府志》就将其列为当地胜景。离开泸沽湖的前一日，有幸踏游泸沽三岛后，顶着蒙蒙细雨，再次泛舟泸沽湖上，仿佛又一次心灵远航，浩瀚天宇，山色空蒙，碧波万顷，沙鸥翔集，清风徐来，让人顿感觉心旷神怡，心旌摇曳……这是忘却自我、忘却尘世的时辰啊。

五台山随感录

五台山方圆约 300 公里，因五峰如五根擎天大柱，拔地崛起，巍然矗立，峰顶平坦如台，故名五台。又因山上气候多寒，盛夏仍不知炎暑，故又别称清凉山。"金五台，银普陀，铜峨眉，铁九华"，五台山是中国佛教四大名山之首，古往今来，帝王崇建，高僧懿行，不可胜数；中外佛教信徒和游人纷至沓来，朝山礼佛，趋之若鹜。

这里是中国唯一青庙与黄庙交相辉映的佛教道场。

传说五台山原来是神仙住的地方，名叫紫府，因而那时候五台山又叫紫府山，同时也是道士演武之道场。文殊菩萨看到五台山紫气环绕，就慕名而来，索性居住到五台山的一个洞穴里。到了东汉永平年间，迦叶摩腾、竺法兰来到五台山，在此建立起寺庙。从此佛教正式传入五台山，这里成了佛教聚集地。到了南北朝，五台山佛教文化大发展大繁荣，孝文帝对寺庙进行大规模扩建，新修了许多寺庙院落，至北齐时期，五台山寺庙增加到 200 多座。进入隋朝，隋文帝下令在五个台顶各建一座寺庙，凡到五台山拜佛的人，都要分别到五个台顶寺庙膜拜，五台山名声大震，香火愈旺。唐时，五台山佛教发展呈现第二个高峰期，全山寺院达到 300 多所，有和尚三千余人。此时的五台山，已不仅是中国著名佛教圣地，而且在中国佛教界中也取得统治地位。事实上，每一个文化圣地都是经过漫长岁月的文化积累和历史变迁的打磨塑造。

　　望海寺，是五台山东台顶上的寺庙。东台顶亦名望海峰，寺院周身树木葱茏，门前还有乾隆皇帝和寺主亲手栽种的松树。旭日东升，静谧的望海寺沉浸在一片云山雾海之间，浑厚的晨钟声中愈显庄严肃穆。龙泉寺始建于宋，原为杨家将家庙。明朝时重修，民国年间，普济和尚弟子在此为其修筑墓地，进行扩建，历时 14 年之久，创立了豪华庞大的龙泉寺。入寺庙前需要登一百零八级青石台阶，台阶两旁有一副耐人寻味的对联："有天良无天良临阶可知，是君子非君子到此便现"。佛教称人生有一百零八种烦恼，是阻碍修行成佛的大敌。走上一百零八级台阶，就是将一百零八种烦恼踩在脚底，抛向身后；登上台阶仰头便看见石牌坊，牌坊上刻有 89 条蛟龙，鳞爪俱现，神态逼真；神功巧夺，栩栩如生。寺东有泉，清澈见底，甜似甘露，谓之龙泉。传说昔有九龙作恶，文殊菩萨施行佛

五台山：不一样的山脉，不一样的风景。

闻名遐迩的中国佛教圣地五台山，云蒸霞蔚，佛光普照。

法把其压在山下，清澈泉水底部至今可见九条小龙踪影，龙泉寺名不虚传。

人们说五台山许愿最灵验的寺院是五爷庙。五爷庙殿内供奉的五爷是广济龙王文殊菩萨的尊称，也是五台山五顶文殊菩萨的化身，据说五爷本是黑脸，因为是文殊菩萨的化身，所以就变成了金脸。五爷庙可谓中国香火最旺的寺庙，求财求官求事业均可在五爷庙许愿。来此许愿必然得上香，香火钱是必须的，根据自己的心愿量力而为吧，都在默默地祈祷，希望能感知五爷，究竟灵不灵，那就不得而知了。

立碑是为了刻字记事，但显通寺内有一座石碑上连一个字都没有，缘由何在？显通寺的主持说，盖碑亭的地方，原来是两个圆形的水池。有一年，康熙皇帝朝台，巡游显通寺，他仰头望去，只见巍峨雄伟的菩萨顶正坐落在灵鹫峰上，好像一条英姿威武的大龙。奉命接驾的住持云："启奏万岁，那灵鹫峰是一条龙，菩萨顶的牌楼，正如在龙头上，上顶云天，下临大地，所以菩萨顶十分兴旺……"

康熙瞪大了眼睛："灵鹫峰真是一条龙？"

那住持只想竭力巴结皇上，却没有摸清皇上的真正心思，又讨好地说："这真是龙，龙还有眼睛，每日正午时分，太阳照到这两个水池上，那菩萨顶的木牌楼两侧，会出现两个圆形的光环……"

这是康熙最怕听到的话，他禁不住发了雷霆震怒："要真是龙，长了眼睛，不就飞走了？龙飞走了，五台山的灵气还会有吗？这两个水池，你给我填平，上面再立两座石碑压住！"不一日，水池填平，石碑立了起来。康熙写了一篇碑文之后，肚里便没有词儿了。于是，显通寺便有了一座无字碑。是皇上真没词还是假没词，这无字碑的葫芦里到底卖的什么药，那就只有康熙自己知道了。

"修行在诚，诚在修心"，这八个字是佛家的座右铭。唐代大历年间的法照出家后，在衡州云峰寺为僧。春去秋来，早诵经，晚做课，一心皈依阿弥陀，却终不见成佛征兆。一日，正在斋堂用斋，粥钵中突然就现出了一道奇景：五彩祥云中，隐隐有五座山峰，峦间深处有石门，过石门，又有寺院一片，寺院门额书"大圣竹林寺"。法照惊异万分，请法师观看。法师云："这是五台山，该山乃文殊菩萨道场，既然现你钵中，可见与你有缘，你当前往朝拜，或许可得正果。"

法照摒除一切杂念，负背行囊，踏上朝台的坎坷征程。涉过万水千山，他眼前出现了金碧辉煌的宝塔、楼阁、殿宇，与钵中所见，分毫不差。寺内朗朗钟声亦已清晰可闻。讲经堂上，文殊、普贤端坐莲台，法照虔诚万分，趋前施礼："弟子愚昧，佛法浩瀚，出家拜佛多年，佛性天由显现，愿大圣明尔，断弟子疑网。"说罢，叩头不起。文殊菩萨笑意微含："修行在诚，诚在修心。"法照恳求留在竹林寺听经念佛，文殊菩萨曰："经可处处听，佛可时时念，修行不修心，千年也枉然。现时早斋已过，午斋未到，你可先去用桃。"桃刚吃下，法照顿觉浑身清爽，心明如灯。此时再看桃核，原来竟是一块白玉，上面镌刻着："修行在诚，诚在修心。"从此后，法照将这八个字牢记心中，并以此为座右铭，终于修炼成为国内佛门名僧。

从九龙岗山腰的龙泉寺下得山来，在山岭的怀抱中间，有一汪汩汩清泉，清澈甘美，白如银练，长流不竭。在泉边舀水的僧人告我，这口泉叫"般若泉"。"般若"一词为梵语的译音，意为智慧。传说，唐朝有个僧人叫慧潜，在大白塔旁念经修行，当时水贵如油，吃水很难。因此，慧潜每天都念金刚经，坚信总有一天会感动佛祖，赐来神水。原来，这慧潜，已经是第三个念经求水者了。第一个，念经念到9998天晚上，忽有两只老虎扑来，吓得这个人再也不敢念经了。第二个，经过老虎威吓，没有吓倒，当念到第9999天晚上时，突然来了一宗凶神，要拿剑劈他，他顿时吓得魂飞胆破，弃经而逃。而慧潜，经住了风吹日晒，雨淋霜打，猛虎恐吓，凶神威胁，已经念到10000天晚上。这时，一位老翁翩然而至，对慧潜虔诚地说："法师大概知晓，再加半个时辰，《金刚经》诵完后，泉水喷涌之时，你也就圆寂了，你可要好好掂量啊！"

生死关头，慧潜镇定自若，把经继续念了下去。随着他喃喃的诵经声，一般清泉终于喷泻而出。旱魔降伏了，慧潜兴奋地"哈哈"大笑，当笑出来时，却永远坐化于泉边了。泉水流了无数年后，人们给它起了"智慧泉"这样一个美丽动听的名字。当我慷慨布施之后，泉边的僧人用五台山特产的上乘木碗给我舀了满满一碗"般若泉"水，并含着无限善意说道："这是万岁泉智慧水，你把它喝下去，准保能耳聪目明，延年益寿！"水喝下去之后，直到今天，我还在细细品尝着"般若泉"——这智慧之泉的神奇魅力……

迈着蹒跚的步子，来到台怀腹地，耳畔传来琅琅经声，一股股焚香的气味扑鼻而来，同繁杂喧闹的都市相比，这里的一切都那样清静幽雅。佛与菩萨的演教场所，乃佛教僧侣生活和修行的净土与乐园。僧人与俗人的生活，泾渭分明。根据佛教制度，僧人必须穿染衣。染衣的颜色，不用青黄赤白黑五种正色，而是用一种杂色，即袈裟色。五台山有青黄两庙之分，青庙住青衣僧，即和尚，黄庙住黄衣僧，即喇嘛。无论青衣抑或黄衣，都非正青色和正黄色，而是近青色和近黄色。据寺院里僧人告我，他们之所以穿染衣，同剃发一样，意在表明舍弃美好华丽的装饰，崇尚朴素无芳的生活。

僧人吃食由居士供给，此乃佛制规矩。而五台山僧人，则多自食其力，经常从事农田劳作。此外，国家还发给生活费用，并供应粮食。僧人吃饭算"用斋"，吃饭的地方称为"斋堂"。我看到，用斋之前，他们一要诵经念偈，二要上供下施。上供，即供食于佛和菩萨；下施，即施饭于孤魂和饿鬼。用斋过程中，斋众一律肃然端坐，口不出一语，碗不发一响，绝没有交头接耳和嬉笑喧闹的现象。僧人以宗派之异分住各寺。五台山佛教寺庙，以子孙禅处居多。子孙禅处住子孙僧人，实行家传制，住寺僧侣亦称家传僧。佛教历史上，常见一宗一寺或一寺数宗。

每当晨钟响起，僧侣们身披袈裟，对佛与菩萨频频礼拜；用斋之后，开始各自修业，或写经诵经，或接引香客，或清扫殿堂；暮鼓击时，则又开始了课诵……年复一年，日复一日，僧侣们就是这样，用淡雅、清平、宁静，袈裟、斋食、经声等，构成了他们生活的音符和旋律。

五当召：草原上的布达拉宫

　　早就想好好写写五当召了，这是因为我与五当召有很深的缘分。那是我在中国文化传媒集团任职高级记者时，正值集团与包头市石拐区合办一个有关五当召文化高峰论坛，我被指定负责宣传工作，这样就有机会几次赴五当召参观调研，了解情况，写出报道方案。由我策划、拍摄、撰文的介绍五当召的专版，刊登在了《中国文化报》上。后来论坛召开时，我带领一个20人的首都央媒记者采风团参会，采访多多，收获满满。

　　作为五当召所在地的石拐区，地名蒙古语音译为"喜桂图"，意思是有密林的地方。历史最早可追溯到新石器时代，有6000年前原始社会人类活动遗迹、2300多年前战国赵武灵王修筑的长城，清康熙年间建筑的五当召、敖包山原始森林、马鞍山、老爷庙山，近现代工业生活遗址遗迹等珍贵文化旅游资源。石拐区自2011年被列入国家第三批资源枯竭型城市名单后，相继获得全国第二批智慧城市试点、全国小城镇建设试点、全国首批民生改善典范区、内蒙古自治区经济社会转型示范区、自治区人居环境范例奖等殊荣。

　　五当召位于包头市石拐区吉忽伦图山南麓，距包头市区东北40余公里，素有蒙古高原藏传佛教"最高学府""草原上的布达拉宫""北方草原第一寺"美誉，其独特的资源禀赋蕴含着厚重丰富的历史文化、宗教文化、民族文化和地理信息文化，被称为内蒙古及包头市文化资源的一个制高点。

五当召是国家重点文物保护单位、4A级旅游景区，与西藏布达拉宫、青海塔尔寺、甘肃抗卜楞寺齐名，是中国藏传佛教四大名寺之一。蒙古语里"五当"意为"柳树"，原名巴达嘎尔召，藏语"巴达嘎尔"意为"白莲花"，"召"为"庙宇"之意。五当召始建于清康熙年间（1662—1722），乾隆十四年（1749）重修，赐汉名广觉寺。第一世活佛罗布桑加拉错以西藏扎什伦布寺为蓝本兴建，经过康熙、乾隆、嘉庆、道光、光绪年间的多次扩建，逐步扩大始具今日规模。以八大经堂（现存六座）、三座活佛邸和一幢安放本召历世活佛舍利塔的灵堂组成，另有僧房60余间以及塔寺附属建筑，全部房舍2500余间，因召庙建在五当沟的一座敖包山上，所以又通称五当召。

五当召寺院矗立于五当沟敖包山之阳，依地势面南而建，座座殿堂，层层楼阁，随坡势而增高，布局协调，错落有致。所有建筑均为梯形格式结构，上窄下阔，平顶小窗，屋檐部分有一条红色边麻装饰。外墙表面有一层厚达数厘米的石灰层，坚固洁白，别具一格。各殿顶正中四隅，饰有风磨铜双羚对卧法轮、金鹿、宝幢。远看殿堂洁白如雪，楼顶金光夺目，经幡飘舞。群山环绕，极目远眺，层层依山垒砌的白色建筑群在苍松翠柏掩映下沉静肃穆，雄伟壮观。相传香火鼎盛时僧众多达1200多人。

在五当召文化高峰论坛召开前，五当召近2000件文物信息采集基本完成，经过对实物和图片筛选，从近2000件文物中精选出437件／套各类文物定为一、二、三级，其中一级文物143件／套、二级文物112件／套、三级文物182件／套，从中发现了许多历史、艺术价值极高的重要文物。按建档分类，五当召文物分为金属造像、非金属造像、唐卡、法器、塔、曼陀罗、柱毯、杂项等，三级以上可移动文物中，有高达10米的弥勒佛

"草原上的布达拉宫"五当召弘扬佛法，香火旺盛。

铜像，9米高的宗喀巴铜像，两座高1.3米、直径近2米的鎏金曼陀罗铜城，多件清代景德镇官窑瓷器等，而金铜佛像达331尊，其中元明时期的佛像达19尊。唐卡保存数目可观，多套数十幅为一套的组画唐卡，绘制精美，画法细腻。这些文物使五当召文物收藏数量、品相、等级都位列于自治区文物收藏前列，有些在国内都是少有的文物精品。

说到唐卡，五当召是内蒙古地区佛教寺院现存唐卡最多且最精美的寺院，据五当召管理局介绍，现存大小唐卡2000幅，几乎每座殿堂都保存着数量不等的精美唐卡。这些唐卡除少数张挂在供人参观朝拜的殿堂内，大都深藏于各大殿堂密室，有的甚至存放柜内很少对外展示。几百年来这些唐卡作为供奉，张挂在大殿深处内，外界极少有机会接触和了解其艺术内涵。

专家阐释，唐卡绘画艺术是藏传佛教美术重要的表现形式，唐卡的主要用途是通过简单图形语言，将复杂深奥的佛教哲理和修持方法表达出来，以便修学和证悟。也有关于艺术、文化、历史的记载和人物的写真，起到记载、保存和继承流传作用。唐卡所反映的特殊内涵，即如实地表达佛教教义和作用。通过抽象、可解的图像语言，将佛法的教证修持次第和方法转换成为含有特定内涵、具体可解的表意语言，从而引导和启发帮助修持者证悟佛法，离苦得乐，断除烦恼，圆满福德和智慧资粮，究竟成佛。世俗方面表述了包括诸多历史、文化、建筑、医学方面的功能，起到了现实利益的和谐作用。

　　唐卡在世界绘画史上是一个独特而严谨的画种，绝不是任何画家都能涉足的领域。因为它更多的是属于宗教——宗教的语言、佛法的符号，修持者观想的坛城净土，法力的指令，修行者的依据，解脱的殊胜方便法门，辟邪的吉祥物，祈福的法宝，这一切形成了唐卡绘画艺术的殊胜之处。在藏语中，唐卡的意思是能推开观赏的布绢卷轴画，它是藏民族为适应高原游牧不定的生活，交通极为不便的特殊生存环境而设计创造的艺术。唐卡携带方便，不易损伤，作画随意，不受建筑限制，易于悬挂、收藏，可随时随地观赏礼拜，是蒙藏佛教为主的民族文化，是对世界绘画艺术的一大贡献。所以，到五当召来，观赏精湛的唐卡艺术，将是每个旅游者在"草原上的布达拉宫"里最独特的收获。

　　五当召是内蒙古地区颇有名的学问寺，它为了弘扬佛法，专

阴山古刹五当召，利乐有情祈福地。

门设有供喇嘛们学习经典、研究佛学的学塾（札仓）。学塾分四个部分：时轮学部，设于1750年；显教学部，设于1752年；密宗学部，设于1800年；菩提道学部，设于五世少佛时期，是本召设置最晚的学部。蒙古著名史学家达摩陀罗在《白莲念珠》中记载："五当召的经学最为有名，到19世纪末时，本召僧侣仍有八百余名。"

走进五当召，沿途大大小小的嘛呢石随处可见，以它们的威严和神圣展示着宗教的博大力量。五当召嘛呢石是写在大地上的经卷。嘛呢石，以在石头上刻有"嘛呢"即梵文佛经中的六字真言而得名。六字真言为"唵嘛呢叭咪吽"六字。藏传佛教认为，常念"嘛呢"死后可不入地狱，或少受地狱之苦，甚至可以升至极乐。可以说，嘛呢石是古老的藏族传统文化中，对宗教崇拜所持态度的概括和具象表现。虔诚的藏族佛教徒永远相信，只要连续不断，持之以恒地把他们日夜默念的六字真言纹刻在石块上，这些石块就会有一种超自然的灵性，能使他们洗清此世的"罪过"，并能引领他们走进神往已久的西天净土。

苏古沁独宫坐落于全庙的最前部，是举行全体集会诵经的场所。经堂内的立柱全用龙纹的栽绒毛毯包裹，地上满铺地毯，墙壁绘有彩色壁书，后厅及二、三层内供奉释迦牟尼、宗喀巴及历代佛师。在苏古沁独宫西面与其并列的却人林独宫，是讲授佛教教义的地方，殿内的10米高释迦牟尼铜像是全召最大的铜铸佛像。高踞这两宫之上的，乃洞阔尔独宫，是讲授天文、地理的场所，门楣上悬挂着用汉、满、蒙、藏四种文字书写的"广觉寺"匾额，宫前有讲经台，是喇嘛学经和口试之处。阿会独宫位于山坡最高处，是传授医学的学部。日木伦独宫为教义学部，专门传授喇嘛历史、教义、教规。

古沁独贡（殿）是五当召内最大的建筑物，高三层，一楼前大厅是经堂，有80根方柱，上部雕刻和彩绘着各式花纹图案，外裹云龙图案的栽绒地毯。

地上排列着数十排坐榻，上铺藏式地毯。四壁满绘释迦牟尼佛传故事和各种护法神像。顶部挂着各色幡幢，殿内庄严肃穆、富丽堂皇。全殿可容纳千余喇嘛在这里诵经。凡属全召性的集会都在此举行。每天的早经——满迦经，各殿喇嘛都来此诵读。经堂内正面的座椅是活佛出经的席位，左右是高层喇嘛的座位，下边地毯木榻是喇嘛诵经的座席。后厅为藏经阁，供奉着各种佛像、唐卡、曼陀罗坛城，二楼回廊处绘有"九大佛寺建筑"鸟瞰壁画，极为珍贵。

记得，在五当召文化高峰论坛上，近百名国内文化旅游专家学者、景区负责人共同聚焦研究"'一带一路'背景下的五当召文化力量诠释"主题，挖掘五当召深厚的文化旅游资源，为五当召文化旅游融合发展建言献策。论坛围绕"五当召宗教与历史文化的价值定位""藏传佛教与草原文化融合碰撞的历史意义和现实意义探讨""国内5A级佛教景区及其他国内知名景区的管理经验探索与交流""五当召文化旅游开发在石拐区经济社会转型发展中的价值与地位""'一带一路'背景下的五当召旅游定位研究""五当召如何走产、学、研协同创新发展之路"6个议题展开了广泛深入的学术交流与探讨。带着这些议题，与会嘉宾还专门抽出一天时间对五当召进行了全方位考察，所到之处，可以说是揣摩入微，流连忘返。

央媒记者团里大多是跑旅游口的，行当熟稔，驾轻就熟，论坛闭幕时给出了很好的建议：五当召5A级景区建设具备诸多基础条件，依托所属区域包头市稳定的产业经济格局，有商业投入基础；作为内蒙古规模最大、形制最为完整的藏传佛教，在北方地区具有独特资源优势；典型的非都市寺院，以经学研究为主，有旅游产品扩容优势；依附五当召国家森林公园，有景区产业链延伸空间。五当召旅游景区的发展，不仅是要做好宗教文化传承与保护，还要挖掘包括五当召、吉忽伦图山、石拐老城区、喜桂图新区等区域整体旅游资源价值，要与区域经济社会协同发展，要看到五当召 5A 景区打造的综合社会地位，提升其在包头市未来城市生态、产业延伸的新型战略地位，等等等等，不一而足。

实际上，近些年来，包头市暨石拐区也正是以"一带一路"倡仪构想和文化旅游大发展大繁荣精神为指引，在自治区建设体现草原文化、独具北疆特色的旅游度假、休闲观光基地中找准定位、发挥作用。并且，把五当召 5A 级旅游景区创建当抓手，探索区域资源枯竭型地区经济社会转型中生态、文化、旅游资源的挖掘、保护、开发与利用，在构建五当召为重点的文化旅游产业新格局中有了新进展，取得新突破。去年，我引荐去五当召旅游的几位南方朋友回来后对我发感慨说：文化＋庙宇＝祈福宁心。五当召是研究藏传佛教、哲学、医学、天文、地理等多种学科的好去处。依托蒙藏文化资源，通过嘛呢法会、晒大佛等活动，挖掘"宁静之旅"，吸引八方游客观览品味蒙藏文化、祈福幸福安康，让游客感受人与自然和谐共融的清心恬静，独享一方宁静，真是名不妄传，不虚此行啊。

阴山古刹五当召、利乐有情祈福地。我一直难以忘怀情牵梦挂的五当召，前不久，面对我最新的采访问询，石拐区的朋友这样回复：文旅产业在石拐区转型发展中扮演了重要角色，五当召景区已经迈向"全域旅游"新时代，请你再光临，五当召已然是"来了不想走，走了还想来"的旅游胜地！

向海：仙鹤迷恋的地方

　　向海是没有海的地方的"海"。

　　我随专门跑旅游的央媒记者采风团来到这里，内心的期待是很大的。因为在来时旅途中草拟采访提纲时，我就查阅到了中外名人的如此评价：乾隆皇帝曾在向海亲笔题下"云飞鹤舞，绿野仙踪""福兴圣地，瑞鼓祥钟"两块碑文。荷兰亲王贝恩哈德到向海观光后，不禁朗声赞叹："这真是人间仙境啊！"国际鹤类基金会主席乔治阿其博先生考察向海后表示："我到过世界上50多个国家的自然保护区，有向海这样完好的自然景观、原始的生态环境、多样性的湿地生物，全球也不多见，这不仅是中国的一块宝地，也是世界的一块宝地。"

　　进入吉林省通榆县境内，开始与这块国家级湿地景区"亲密接触"。所谓"湿地"，形象地说就是"地球之肾"，有点像红军走过的阿坝红原草地，沼泽成片，水草丛生。向海风景区总面积为1055平方公里，包括草原、沼泽、湖泊、沙地等，1992年被列入"世界重要湿地名录"。景区内蜿蜒起伏的沙丘，波光潋滟的湖泊，千姿百态的黄榆，绿浪翻滚的蒲草苇荡，牛羊亲吻草地，鱼虾漫游池塘，渔翁、牧童、炊烟、农舍……构成一幅秀丽淡雅的田园风情巨画。在保护区内有三大水系交汇贯通，南有霍林河，西有额尔泰河，北有洮儿河引水系统，从而形成向海水库和兴隆山水库两个大面积的芦苇沼泽区。天工巧合的资源，形成了以丹顶鹤为主的湿地珍禽景观，以蒙古黄榆为主的天然榆林景观。

从地理学角度看，向海旅游区是内蒙古高原和东北平原的过渡地带，地势由西向东微微倾斜，海拔在156米至192米之间，垄状沙丘与垄间洼地交错相间排列，继而形成沙丘榆林、苍茫草原、蒲草苇荡、湖泊水域的自然景色，孕育了种类丰富、古老稀缺的生物资源。近些年来，当地依托向海国家级自然保护区的珍贵资源特色，大力开发拓展旅游业，加强旅游基础设施建设，举办系列旅游活动，扩大宣传影响面和知名度，吸引大量国内外游客前来观光度假。在此地拍摄的电视风光片《家在向海》，曾在中央电视台多次播放，并在第五届桑迪欧国际生物保护电影节上荣获代表国家资格奖。1992年，《家在向海》还曾在联合国环境与发展大会上播放。在各国代表的惊叹声中，向海大步走向世界。

向海其实原名叫香海，来源于香海寺。香海寺，不算大，是我所见过的寺庙中最小的一个。庙小，但名气却很大，相传一代天骄成吉思汗曾在此避过雨，现在寺院中的古老榆树上，还有拴马的印记。西藏六世班禅额尔德尼来寺传经说法，汇聚喇

"地球之肾"向海风景区里的石头招牌。

嘛1080人，前来听经受法者不计其数，日日香烟缭绕，弥漫如海，因而得名"香海寺"。香海寺香火很旺，每天都有不少善男信女来此烧香叩头，祈求平安多福，盼望在木鱼声中杂念俱消，心灵得到升华。

晴空一鹤排云上，便引诗情到碧霄。我观察到，向海最迷人的是鸟类。据专业人士讲，景区内有各种珍禽258种，其中鹤类就有6种，占全世界现有15种鹤类的40%。珍稀禽类有丹顶鹤、白枕鹤、白头鹤、灰鹤、白鹤、天鹅、金雕等，成为远近闻名的"鹤乡"，向海以自己的实力证明它是世界上最理想的鹤类观赏区之一。这里还是各种走兽出没的天然乐园，生活着狍子、黄羊、山兔、狐狸、獾子、灰狼、黄鼠狼、艾虎等30余种野生动物。

我乘着小船驶抵仙鹤岛，这里三面环水，一面临山，植被多样，灌木葱茏，环岛水阔，蒲草高扬，苇荡起伏，茂密连片。很多丹顶鹤会选择在夏季来到向海，择偶后终生一夫一妻，忠贞一生。养鹤人对我说现在正是鹤繁衍后代的时候，芦苇荡里藏着很多正在繁殖的野鹤，公鹤和母鹤轮流守护那个可爱的蛋宝宝，直到它破壳、出生、会飞。保护区凉爽舒服，夏季温度最高只有22℃～25℃，是避暑的最佳之地。独具一格的自然环境和丰富的生物资源，哺育着丹顶鹤茁壮成长。

然而，岛上最吸人眼球的却是人工驯化半散养成功的丹顶鹤。上百只丹顶鹤在这里安家落户，繁衍生息，好一个水肥草丰仙鹤迷恋的地方。在这儿我可以与丹顶鹤近距离接触，只要我把景区专售的金灿灿玉米粒捧在手中喂它，它便会像老熟人一样亲近我，从我手中安然并愉快地啄食，不亦乐乎！有的刚开始有点害怕，很快便没有戒心了，双方俨然都找到了人与动物间的那种本应该就存在的原始友好默契，这在当今中国是最值得点赞和弘扬的啊。每到旅游旺季，游人如织，可以近距离观赏仙鹤与人共舞的唯美画面。间或，一只只丹顶鹤振翼冲天，它们有的结队高飞，有的展翼低旋，犹如一只只精灵在广袤的天地之间曼妙轻舞，任意逍遥，那矫健的倩影掠过湖面苇荡，拂过黄榆野花，鹤鸣声声，清脆高亢，景色壮观，荡气回肠。

向海，向海，仙鹤迷恋向往的地方。

向海还生长着特别多的蒙古黄榆树，此树是亚洲稀有树种，它与胡杨树具有异曲同工之处。大自然的鬼斧神工雕就了蒙古黄榆树的百态千姿，它们有的像古藤盘柱，有的如游龙跃江，有的若霸王挥鞭，有的似八仙过海，让人一步三叹，击掌叫绝。当来到黄榆景区站到赏榆亭上望去，一株株一簇簇一排排一道道挺拔坚韧、挺拔兀立的黄榆树尽收眼底。景区的园林工人告诉我：隆冬时节，当呼啸的北风和漫卷的黄沙一撞到它，便立马驯服放慢脚步；当阳春三月，别的树种刚刚从睡梦中醒来，它却早已吐出葱郁的叶子，郁郁葱葱，引来各种禽鸟栖息枝头；当酷暑盛夏，它总是长舒臂膀，浓荫四布，为八方游客提供习习阴凉。若是到了雨天，晶莹的雨滴凝结在黄榆树叶上，一阵清风刮来雨滴便沿着叶片珍珠般纷纷滚动落下，正是"山中一夜雨，树梢百重泉"惟妙惟肖的写照啊。无论怎样干旱燥热，只要置身黄榆林中，那便是无风自凉，无雨自润，清爽至极，宛若仙境。

正是：人间天堂鹤故乡，魂牵梦绕不了情！

涿鹿怀古

涿鹿是中国历史上著名的文明古地，天赋其娇，地孕其美，华夏之源，神州之根。那次战友兼乡友李建武受重托在此地导演了一场迎接北京 2022 冬奥会的大型综艺晚会，盛情邀我从京城前往观摩首演，我因而有机会来此"怀古"一番，真正是上了一堂扎扎实实的"现场历史课"，明白了涿鹿在中华文明发源中极为重要的历史地位，收获颇丰。

千古文明开涿鹿。涿鹿，地处河北省西北部永定河上游、桑干河下游，隶属张家口市，距北京市区 130 公里。燕山运动形成了涿鹿地貌的基本轮廓，山系以拒马河为界，北部为燕山支脉，南部为太行山余脉，其中涿鹿、矾山两个断陷盆地，是涿鹿的两大盆地。

五千年前，中华民族的始祖炎帝、黄帝、蚩尤在涿鹿征战耕作，建立了中华民族历史上的第一个政权集中地，创造了中华民族的"龙"图腾，开创了中华文明的新纪元。司马迁《史记·五帝本纪》载："黄帝与蚩尤战于涿鹿之野"，而"邑于涿鹿之阿"。因此已故著名历史学家顾颉刚在《中国上古史》中断言："千古文明开涿鹿"，苏秉琦先生击掌出语："看一百年的中国到上海，看一千年的中国到北京，看两千年的中国到西安，看五千年的中国到涿鹿。"

唐代胡曾作诗云："涿鹿茫茫百草秋，轩辕曾此破蚩尤；丹霞遥映山前水，疑是成川血尚流。"可以说，黄帝、炎帝、蚩尤三大始祖的政治、军事、文化等主要活动都在涿鹿进行。黄帝先是"与炎帝战于阪泉之野，三战而后行其志"，"与蚩尤战于涿鹿之野"，之后，继续南征北战，直到控制了"东至于海，西至崆峒，南至于江，北逐荤粥"。至此，黄帝乃召集天下各氏族部落首领"合符釜山而邑于涿鹿之阿"，成为天下共主，并将原来各氏族、部落、部落联盟各自的图腾或叫符契一律废除，同时将原来各氏族、部落、部落联盟各自图腾的某一个突出点组合共创了一个虚拟而活现的集万物于一身的、统一共认的图腾——龙，作为中华民族的共认图腾，形成了大统一、大团结为核心的涿鹿中华三祖文化，奠定了中华民族文化的根基。

1992 年，历史学家任昌华先生著书《三祖文化始说》，提出"三祖文化"概念，并将蚩尤作为中华民族的人文始祖和黄帝、炎帝并排在一起，打破了传统上的胜者为王、败者为寇之说，确立中华民族同祖同源的观点，明确始祖文化是爱国主义的精髓和民族团结的基石。

我行走在涿鹿这历史异常厚重的土地上，凝视远眺，感慨万端。

巍然矗立在涿鹿大地上的三祖雕像。

是的，就是在涿鹿古战场，距今 4600 年前，随着华夏氏族与东夷氏族之间的冲突日益激烈，黄帝与蚩尤决战于此，最终以蚩尤的失败收场，从而奠定了黄帝轩辕氏成为中国人文始祖的地位。涿鹿之战，这也是中国史上所记载的最早的战场。据考，当时的华夏氏族兴起于今关中平原、山西西南部和河南西部。经融合后遂沿着黄河南北岸向今华北大平原西部地带发展。而东夷氏族兴起于黄河下游的今冀、鲁、豫、苏、皖交界地区，以今山东为地盘，由东向西发展，并开始进入华北大平原。如此这般，华夏氏族与东夷氏族之间的冲突也就不可避免。涿鹿之战正是在此历史背景下爆发的一次总决战。

东夷蚩尤部落进入华北平原，联合巨人夸父部族和三苗一部，击败炎帝族，并进而占据炎帝族居住的"九隅"即"九州"。后集结所属的81 个支族（一说 72 族），向黄帝族发起攻击。黄帝族则率领以熊、罴、狼、

以敬畏之心血脉之情仰观涿鹿中华三祖堂。

豹、雕、龙、鸮等为图腾的氏族迎战蚩尤部，并在上游筑坝蓄水以阻蚩尤。战争初期，适逢浓雾和大风暴雨天气，这很适合来自东方多雨环境的蚩尤族。因而初战阶段，对适合晴天环境作战的黄帝族处境非常不利，九战九败。当雨季过去，天气转好，黄帝族把握战机，在玄女族的有力支援下乘势向蚩尤族发动反攻。利用狂风大作、尘沙漫天的旱季恶劣气候，吹响号角猛击鼙鼓，乘蚩尤族众兵慌乱震慑之际，以指南车引导铁流滚滚向蚩尤族大举进攻，最终一举击败敌人，并在冀州之野擒杀其首领蚩尤。涿鹿之战就这样以黄帝族的胜利而宣告结束。战后，黄帝族乘胜东进，一直进抵到泰山附近并在此举行"封泰山"仪式后，方才旌旗西指，凯旋。

我读《山海经·大荒北经》，记述的则是这样的战争传说："有人衣青衣，名曰黄帝女魃。蚩尤作兵伐黄帝，黄帝乃令应龙攻之冀州之野。应龙蓄水，蚩尤请风伯雨师，纵大风雨。黄帝乃下天女曰魃，雨止，遂杀蚩尤。魃不得复上，所居不雨。"反映战斗过程中，双方先由巫师作法，希望借助自然力征服对方，黄帝呼唤有翼的应龙蓄水，以便淹没蚩尤军队，蚩尤也请风伯、雨师相助。一时风雨大作，黄帝军队再次陷入困境，危急中，黄帝只得请下天女女魃阻止风雨，天气突然晴霁，蚩尤军队惊诧万分，黄帝乘机指挥大军掩杀过去，最终取得了胜利。

从我采风考察所掌握的资料来看，在涿鹿，历史上曾有过许多史学家躬亲山水，又青灯黄卷从浩繁史籍中寻找中华始祖的远古踪迹。从早期《逸周书》到《黄帝四经》，从西汉太史公司马迁亲自"北过涿鹿"而著述《史记》，到北魏地理学家郦道元采写《水经注》，再到清代保安知州杨桂森撰写《矾山考古记》，史学家们考察后均认为：涿鹿是中华民族文明重要的起源地之一。针对现代文化学术界"涿鹿究竟在今何处"之地望争论，20世纪90年代，中国先秦史学会、中华炎黄文化研究会、河北省社科院、张家口市人民政府等单位牵头，会聚海峡两岸著名专家学者，在涿鹿矾山镇两度举行三祖文化学术研讨。考古学家、史学家们实地考察涿鹿县境内的黄帝城、阪泉、蚩尤城、蚩尤泉、北魏祭黄帝的温泉行宫等古文化遗址，并鉴赏黄帝城出土的仰韶文化彩陶、龙山文化篮纹灰陶以及龙山时期扁平穿孔磨光石钺等礼器。经过论证论辩，得出如下历史结论：其一，涿鹿地望从《史记》确认直至今天，"冀州涿鹿"概指今河北省涿鹿县。曾发生在此地的"阪泉之战""涿鹿之战"是为信史。其二，炎帝、黄帝、蚩尤在涿鹿兵争、会盟和融合，中华民族从此开始步入文明时代。其三，"涿鹿之战"后，黄帝被推举为天下共主，但黄帝、炎帝、蚩尤都是中华民族共同的人文始祖。

应该说，史书关于涿鹿之战的记载很多，《逸周书·尝麦》中表述为："昔天之初，诞作二后，乃设建典，命赤帝分正二卿，命蚩尤宇于少昊，以临四方，……蚩尤乃逐帝，争于涿鹿之阿，九隅无遗。赤帝大慑，乃说于黄帝，执蚩尤，杀之于中冀，以甲兵释怒，用大正顺天思序，纪于大帝，用名之曰绝辔之野。乃命少昊清司马鸟师，以正五帝之官，故名曰质。天用大成，至于今不乱。"《逸周书》关于涿鹿之战的追述，虽然掺进了后人的思想和理解，仍是研究涿鹿之战难得的重要历史文献，由这段记载可知，战争起于蚩尤西向侵掠，炎帝大败，疆土全无，转向黄帝求助，引起黄帝、蚩尤的涿鹿之战。相传蚩尤是九黎之君，九黎即九夷，"蚩尤兄弟八十一人，并兽身人语，铜头铁额，食沙石子，造立兵杖、刀、戟、大弩，威震天下""蚩尤作冶""以金作兵"，可见蚩尤是九个亲属部落结成的部落联盟的首领，他们勇武善战，武器装备也比较先进，这些传说反映了真实历史的影子，并不断从考古学中得到鉴证。涿鹿大战之后，大部分东夷部族的人归顺黄帝，也有一部分人流入偏远地区。长久以来，苗族等少数民族不仅认同蚩尤为其先祖，而且坚信蚩尤对当时社会发展发挥了积极作用，应该列入中华文明始祖地位。

当我驱车来到位于涿鹿县矾山镇西 2 公里处的黄帝城时，我的心绪第一是虔诚，第二是敬畏。眼前的黄帝城遗址呈不规则正方形，长宽各500 米，城墙系夯土筑成。现存城墙高 3 至 5 米，南、西、北城墙尚在，东城墙浸于轩辕湖中。黄帝城遗址内有大量陶片，除少量夹砂泥质粗红陶外，大部分是泥质灰陶和黑陶。器物残件和陶鼎腿、乳状鬲足、粗柄豆柄等，还有石杵、石斧、石凿、石纺轮、石环，历历在目。中华民族这个东方伟大民族，就从这座残破的古城堡里起步？最初的文明就从这里开始创立？黄帝泉即古之阪泉，位于黄帝城东 0.5 公里处，传说黄帝当年常在此泉"濯浴龙体"，故又称"濯龙池"。黄帝泉为自流泉，水自平地涌出，潴而成池，池围 97.2 米，直径 31 米，北有一出水口，潺潺流向千年形成的天然河道，足供矾山镇十多个村庄万余民众饮用。据国家水利部门专家测定，黄帝泉水为地下 1700 米至 5000 米的深层水，水色清澈，泉涌如注，冬不结冰，夏不生腐，久旱不竭。水不仅是生命之源，而且也是文明的发祥之源啊。

黄帝城文化旅游区里的中华三祖堂，是在原黄帝祠的基础上，由海内外 32 万中华儿女捐资建成的，在 20 世纪末正式对游客开放。黄帝祠传说与黄帝城同建于黄帝时代，黄帝祠是中国历代帝王将相祭祀怀古的殿堂。秦始皇、东晋司马德宗、清乾隆等，都曾不远千里，风尘仆仆，前来拜谒。著名南宋爱国将领文天祥曾咏叹挥笔留诗："我瞻涿鹿郡，古来战蚩尤。黄帝立此极，玉帛朝诸侯。"三祖堂大殿仿照现存最早保存最好的唐朝建筑佛光寺建造，整个大殿开间七间，进深三间，全部采用木质结构，殿内供奉着中华民族的三大人文始祖黄帝、炎帝、蚩尤帝。大殿四周"涿鹿大战""合符釜山""定都涿鹿""阪泉大战"等内容的大型壁画格外引人注目和沉思。

旅游区里的中华合符坛地幅 333333 平方米，由中国最大单体龙形雕塑九龙腾飞、56 个民族图腾柱、合符石刻、三祖桥和龙凤华表及中华一

游客欢聚在中华合符坛。

统广场构成，坛体中间 56 根高 9.9 米的民族图腾石柱同心围绕，象征中华民族大团结。中国有很多关于龙的建筑，其中最耐人寻味的要数涿鹿这中华合符坛上的"九龙柱"了。中华合符坛是为了纪念黄帝在涿鹿釜山合符、中华民族实现首次融合这一伟大历史事件，根据中国传统文化"天圆地方"和"智圆德方" 的观念，建造的上圆下方核心建筑。石柱采用阳刻形式，精炼展示中国 56 个民族各自丰富多彩的民族文化特点。中华合符坛依地势而建，规模宏大、气势雄伟，广场四角镶嵌象征四面八方向中央辐辏的四块"合符石"，不仅给人庄重、雄浑的强烈视觉震撼，而且把中华民族五千年文明凝结而成的合符文化形象化、艺术化、具体化。

当我要依依惜别涿鹿时，当地一位研究民俗史的老文化工作者，又给我提供了这样一条"特别花絮"：在涿鹿矾山镇东南 20 多公里远的大山深处，有一个塔儿寺村，这里有一个以周姓为主的小山村家族，为蚩尤守墓超过了 4700 年……我听后大为吃惊，不敢相信！我不由无限感慨：自古遵守承诺乃民族之美德，守承诺不难，但守一辈子，甚至是守承诺世世代代，便是难上加难，难于上青天啊！由于返程已定，遗憾未能成行前往采访。于是，我便给下次再访涿鹿留下了一个硬核"借口"和"理由"，我期待这一天尽早到来。

涿鹿，正吸引着越来越多的炎黄子孙来此寻根祭祖。

走进皤滩古镇重拾乡愁

浙江仙居县城之西深藏着一座千年古镇，这就是美丽的皤滩。

皤滩是永安溪上独一无二的五溪汇合点，故又有皤滩能"夜观五月"即五个月亮倒影之说。皤滩又是水陆交汇之地，沿灵江、永安溪的水路在此拢岸，通往浙西的苍岭古道也在此起步，这种连接东南沿海与浙西内陆的优越地理位置，便得皤滩成为以往浙东南山区的一个著名商埠和古代食盐之路的一个重要中转码头。"万竹山中数十家，重重流水绕桑麻。饱餐果腹成何事？桃李春风任自花。"在皤滩，想起了南宋薛昂的这首《万竹山词》。我来时，轻声地问自己："在这有着千年沉淀和积累的古镇，我来重拾什么？"

此景只应皤滩有，人间能得几回观。

在皤滩，能欣赏到两种独特的江南靓景。选一晴好的晨曦或黄昏，什么季节都可以，但必须是晴日，当斜阳铺洒在古镇时，静静地漫步在鹅卵石铺砌的"龙"型古街石板路上，听自己踩踏出的"杠杠"脚步声，那光景像是行过白云苍狗。看着街两旁店铺门板在晨曦或夕阳辉映下泛出古铜色定格在千年前，仿佛有千言万语要说却都默默无声地矗立在我面前，逆光倒影中，我分明看到了皤滩作为江浙商贸古镇所留下的昔日繁华与辉煌。几位银须苒苒的老人，难于割舍过去的生活和自己的影子，仍然居留在祖辈传下的老宅中，每天宁静地坐在门后，或者天井后的中堂，透过绽放的月季和葱绿的兰花草，淡然地注视着东瞧西看的外来我等这样的游客，边唠叨着自己童年的趣事和那时镇上的奇闻轶事和美妙时光，任由手上的卷烟在午后的阳光下袅袅升起烟雾，慢慢地飘散开去。我以为这是古镇上一道弥足珍贵的人文风景啊！

朋友早就告我，来皤滩旅游别独游古镇，要把古镇和周边的永安溪、神仙居等自然美景融合起来"捆绑游"，因为永安溪、神仙居都是仙居国家重点风景名胜区的核心景区。当我伫立古镇前端永安溪向南远眺，目光从汩汩的溪水飞向远方，连绵起伏峰峦叠嶂之中怀抱的就是神仙居了。皤滩是镶嵌在这山与水之间的风水宝地。晨光中，夕阳下，远处神仙居风化的岩体和古镇中斑驳陆离的高墙都涂抹成了深橙色，丹霞映彩，斑斓炫丽，那美景自是让我目不暇接，心醉不已。是的，当红花绿草在暖阳下灿然开放，当翩翩归燕依旧衔泥在老宅屋檐下筑巢，皤滩在回望中化作一种符号，关乎于岁月、记忆、文化、历史以及生于斯长于斯的脉脉情感。在新时代的蓝图、不同肤色游客的赞叹、文人墨客的想象塑造描绘里，这个古镇一定会恢复年轻时飒爽英姿的妩媚扮相与青春

蓝天白云印证：古镇上一道弥足珍贵的人文风景。

石板路是皤滩大写的一部沧桑史书。

活力。

皤滩古街，东西长 2 公里，九曲回肠如一条巨龙，卵石镶嵌的图案似巨龙的鳞片，弯弯曲曲呈"龙"形甩开，形象生动。古街形似一条西龙头、东龙尾、中段弯曲成龙身的龙，龙头所对正是五溪汇合点，究竟是巧合还是古人图腾崇拜"臆造"，引来不少学者的好奇和研究。而龙尾所在处矗立着一座高 3.5 米、跨度 8 米的罕见砖雕坊，砖头上刻着一组组玲珑剔透、栩栩如生的龙凤、麒麟、仙鹤、仙鹿等图案。古街至今保存有石板柜台 100 多个，店铺 260 多家。放眼望去，差不多都是上档次的文物，如今保存完好的有：唐太宗李世民诏词"霞蔚云蒸"的麻布堆灰匾，清雍正年间张若霞的"贻厚堂"匾，清吏部侍郎齐召南的手迹"洛社名高"匾，建于南宋绍兴年间的何氏里宅居里的"大学士"匾与密麻盖壁的"官报""捷报"等榜文真迹，无不折射出古镇"龙"型古街上博远深厚的文化内涵。

一位"皤滩通"老伯很能"侃"：蹬着皂靴的官吏骑着马儿走过这长长街巷，马蹄在卵石上踏出得意的声响！身着古装的富商巨贾背着钱袋挂着褡裢，忙碌地穿行在埠头、布坊、米行、银号和钱庄间……一条龙形卵石古街，一个个沧桑古朴店铺，一扇扇吱呀作响木门，一座座飞檐翘角楼阁………能满足对古镇的很多幻想，更能激发对古镇的很多抒情。

更吸引眼球的是，"龙"型古街两旁散落着自唐宋至民国以来各个不同时期遗留下来的深宅大院，威赫的青石雄狮蹲守高耸的门庭，朱漆正门上画着高大威严的彩绘门神，经历了岁月却依然色彩浓艳，威风凛凛，让我油然而生一种敬畏。从书香门第到富豪庄园，从达官府邸到陈氏祠堂，每一座都承载着古往今来多少如烟往事！而呈现在每一幢建筑上的传统文化雕刻与精湛建筑技艺，又展示了怎样的荣耀？

皤滩陈氏，为历史上仙居望族，于晚唐时迁居于此。陈氏家族历代人才辈出，仅宋朝时就曾出过文武进士22人，包括仙居第一位武状元陈正大。久经年岁的陈氏祠堂，由门厅、天井、大殿、两厢组成，雕梁斗拱建筑样式。天井呈长方形，两侧厢房，门厅左右为房，自上而下供奉着陈氏先祖牌位，肃穆庄严。十几根石柱在麒麟花灯式的图案映衬下，凿刻着多付楹联诉说着陈氏家族的辉煌。六扇门板上画有六个门神，虽颜色暗淡了，人物表情和衣服线条依旧清晰如昨。柱上楹联有一副是："家法守江州七百口，科名仰宋代第一人"。供奉先祖的牌位上有"典源维新"横匾，两边立"状元及第"红底金字竖匾。可以想见，曾有多少次，"报子"骑着快马高举红榜，恭贺的声音萦绕长长的皤滩古街，那比脚步更快捷抵达陈氏族人耳中时，是一种何等欢欣的景象和励志的场面啊。

胡公，名则，字子正，北宋永康人，官至三司使（北宋前期的最高财政长官，副相）、兵部侍郎等职。据说胡公不是皤滩人，其妻是皤滩人，应是皤滩女婿。早在南宋时，皤滩就已建起胡公殿，明万历时重修，

1992 年又复修胡公塑像并建造胡公纪念堂。胡公究竟何等人物、何种功绩，竟能名扬至今、还为他塑像建纪念堂？一扬头，前面一块石碑，刻的题目便是"毛泽东论'胡公大帝'"！碑上有文：1959 年毛泽东接见浙江永康县委书记时说："……永康胡公大帝才是最出名的。胡公大帝不是神，不是佛，而是人，他是北宋的一个清官，为人民做了很多好事，人民纪念他，所以香火长盛不衰……"啊，原来如此！民众敬拜，伟人褒扬，只是因为他是一个清官！

胡则以整治钱荒、清廉爱民而深受百姓爱戴，更以政绩显著而名重当朝。在世时做过许多好事，生后被江浙一带百姓敬奉为神，足见民心向背。为官清廉、政绩显著的胡则，被赞扬"为官一任，造福一方"。如今，这里辟为仙居县廉政教育基地，当可作为领导干部为官从政的镜子来"照一照"，对廉政文化具有积极借鉴意义，对建设山清水秀的政治生态大有好处。

皤滩还有千年传家宝针刺无骨花灯。花灯俗称"唐灯"，玲珑剔透，古朴典雅，最奇特的是制作工艺，整个花灯不用骨架，全是由绣花针刺成各种花纹图案的纸片粘贴而成。我来到临街一个老铺展厅，里面挂满各式各样的花灯，颜色纷呈，花灯内的灯光透过被刺扎了各种图案的纸面映照出来，形和色皆美妙之极。

老艺人说起，花灯源于唐朝，由于皤滩地理位置优越，物产丰富，商贸发达，纸张供应便利，这就为花灯问世提供了"温床"。相传花灯为一对秀才夫妇所创，因造型别致，制作精美，始成雅俗。明朝皤滩成为重要商埠，更促进花灯的兴盛。明万历年间，和地方风俗文化水乳交融，皤滩每年都要举办盛大闹花灯活动。到了清代，花灯式样品种进一步提升，艺术更臻完美，现留存下来的珍贵花灯，就是清光绪十三年制作的。花灯"讲"故事更加丰富，流传更加广泛。在江浙尤其仙居一带，百姓视花

千年传家宝针刺无骨花灯，俗称"唐灯"，在皤镇完美传承，重放异彩。

灯为镇宅祛邪、消灾除晦之吉祥物，以拥有花灯为荣为贵。当时皤滩古镇的"大明堂""大学士"府建筑上均有花灯造型的雕刻。

20世纪80年代中期，在国家重视传统文化的大背景下，经仙居县文化局、皤滩乡文化站重行挖掘，失传多年的针刺无骨花灯重放异彩，抢救恢复达27种。2000年，仙居县被文化部命名为"中国民间艺术之乡"，仙居花灯图案入选"中国彩灯"系列邮票，并被浙江省博物馆收藏。2006年，花灯被列入第一批国家非遗保护名录，并荣获"中国民间艺术品博览会"金奖、"第四届国际艺术博览会"金奖等多项荣誉。

闪烁乡愁的古老唐灯，重新放射出了夺目的光辉。

夹山寺与李自成

出湘西北石门县城往南不远处，由夹山国家森林公园及其境内的夹山寺、闯王陵、碧岩泉等组成了以人文景观为主，融自然风光于一体的国内外知名风景区。这是我家乡最以为能"荣耀"和"作秀"的地方。

夹山寺又名灵泉禅院，始建于唐咸通十一年（870），由善会大和尚获赐领众僧开山建寺，享有"三朝御修"盛誉，规模宏大又有"骑马关山门"之称。至明代，由于兵火连年，殿宇大多毁落，佛事衰退，仅剩僧众60余名。到清顺治初年，奉天玉大和尚驻锡于此，使禅关重启，规模远超唐、宋、元时期，扩建有大雄宝殿、大悲殿、经殿、天王殿、韦驮庄、山门、涌花亭、洗墨池、玉玺井、放生池、塔林、紫石碑坊以及钟、鼓楼等，驰名遐迩，被誉称为"楚南名刹"。夹山寺是佛

神奇祥云掠过石门夹山古寺。

教禅宗祖师讲经说法之所，宋代高僧圆悟克勤在此住持说法评唱的《碧岩录》，被誉为天下"禅门第一书"，在中国、日本及东南亚诸国影响深远。

夹山是茶禅祖庭，我曾在日本奈良大德寺看到过由夹山宋代高僧圆悟克勤手书的"茶禅一味"，现仍被珍藏，奉若神明。南宋末年，日本茶道的鼻祖荣西高僧两次来中国参禅，并将圆悟禅师的《碧岩录》以及"茶禅一味"墨宝带回日本，后写成《吃茶养生记》一书，成为日本佛教临济宗和日本茶道的开山祖师。15世纪中叶，日本高僧村田珠光入寺学禅，师从大名鼎鼎的千利休和尚，然珠光参禅念经常打瞌睡，郎中建议他"吃茶去"，结果立竿见影。夹山八坪牛抵茶自宋至清一直被列为贡品，碧岩泉流淌了上千年依旧涌珠如玉，泉水清澈，甘甜清冽，绝对是煮茶的优质泉水，也是极有价值的矿泉水泉。中国茶禅学会专家考证后得出结论：夹山是"茶禅"与"茶道"的正宗源头。

夹山是茶禅祖庭，石门盛产天下好茶。

善会禅师住持夹山寺之际，正是禅雨茶风盛行之时。当年夹山产名茶牛抵茶，寺僧用山门前碧岩泉水煮茶，在好茶好水中悟出禅与茶同为一味的真谛。早期禅宗著作《祖堂集》记有一则题为"夹山倾茶"的公案，记载佛日和尚参加普茶时，用"酽茶三两碗"以茶悟禅，得到师父点拨悟道："猿抱子归青嶂岭，鸟衔花落碧岩泉。"佛日和尚因茶悟道，从饮茶中领悟一种禅机、禅理、禅意，从师父的开示得夹山境地。青嶂岭，猿抱子归；碧岩泉，鸟衔花落。禅意诗情，极为浓郁，诗情画意中融汇着浓郁的茶情禅思。佛日和尚得禅宗机缘，受深刻启迪，领悟到茶禅境界。"夹山境"偈联，寥寥十四字，不只是指夹山的自然环境清幽喜人，更主要的是指夹山的禅境、茶境，禅茶机缘之境。"夹山境"偈联，尽倾了人们在茶禅中求得宁心解脱的各种感悟体验，于心有之，未能言之。"夹山境"真是一个独具特色的禅茶机缘、禅茶境界，为后来"禅茶一味"的具体提出奠定了坚实基础。数百年后，圆悟克勤禅师住持夹山寺，对于"茶禅一味"的真谛有着特别深刻的领悟，所以挥毫写下"茶禅一味"四字而流传日本。古来相传的"夹山境地"——"猿抱子归青嶂岭，鸟衔花落碧岩泉"的法书也就在日本成为茶禅空间最常使用的箴言之一。

夹山最著名的还要数闯王陵，一群古老而又宏伟的古建筑，这是农民起义军领袖闯王李自成最后的归宿之地。这也是夹山寺最吸引旅游者的亮点之所在。

当年清乾隆澧州知州何璘亲巡此地考察后，写成《书李自成传后》，该文论述"奉天玉"和尚即李自成，并对其隐居夹山寺记述其详。为了纪念安息于斯的农民起义英雄，20世纪90年代石门县人民政府拨出巨款，按清朝澧洲知府何璘亲临夹山勘访所记述的原貌，对闯王陵园进行了修复重建。陵前高悬的牌匾"闯王陵"三个大字，由中国社会科学院明史学会原会长刘重日老先生题墨。整个陵园占地面积2万平方米，由陵卫、紫石牌坊、神道、陵寝、明楼、神厨、碑廊、李自成纪念馆、野拂塔等组成。闯王陵规模宏伟壮观，完全是明清宫廷式建筑风格，被誉为"湖湘第一陵"。

夹山寺因有奉天玉和尚而名噪一时。民国初年，章太炎受孙中山派遣作为"湘西劳军使"经石门皂市，访得李自成《梅花百韵》诗五首。1980年，石门县文化部门在夹山寺附近获得了许多珍贵实物资料，如奉天玉和尚墓志、明瓷骨灰坛、《梅花百韵》木刻板等，都说明持奉天玉即李自成之说者不无根据。事实上，在石门，在夹山寺一带，一直都流传有"闯王殿""玉玺井"等故事传说。玉玺井传为李自成退出京城时，将明朝皇室一颗玉玺带来夹山，因恐官府搜索而弃于此井。清朝雍正年间，有寺僧捞出，献于知县，知县转呈于朝，后人即称此井为"玉玺井"。与夹山寺相邻近的天门山，以及大庸、慈利、临澧等县域，都陆续发现一些与奉天玉有关的文物资料，遂引起各方极大关注。据说李自成隐居夹山时，法名即奉天玉和尚，在寺院最后一进院所专辟殿堂作为其住所，当地人称气为"金殿"，并有对联可证："马上得来，帝座魂销金殿黯；鹿犹失去，禅居梦醒夹山青。"写的真到位啊！

大约是在 1993 年春，我留学回国休假，尊父命回老家省情，借机拜谒夹山寺。期间，闻听中国社会科学院历史研究所、中国明史学会、湖南李自成归宿问题研究会先后多次举行学术讨论会，通过对夹山收集和出土的文物史料分析考证，得出李自成起义兵败化名奉天玉，禅隐并圆寂于夹山寺的历史结论。这，带给了我莫大的惊喜，因为，我对李自成归宿的关注，也是由来已久。

其实，关于李自成的归宿，史学界早有二说。

一为通山说。此说认为李自成是在 1645 年（顺治二年），于湖北通山九宫山遭地主武装杀害，此说认为：徐鼒是第一位对李自成死地、终年作出精密考证的史学家。徐鼒在写《小腆纪年附考》时，已研读过包括《绥寇纪略》在内的清初以来出版的各种有关李自成死事的书籍。另有夹山"禅隐"说的创始人何璘说："李闯之死，野史载通城罗公山，《明史》载通城九宫山，其以为死于村民一也。今按罗公山，实在黔阳，而九宫山在通山县，其言通城皆误也。"认为李自成殉难于通山九宫山，虽有一些史料记载，但多互相矛盾，特别是一些关键性的问题缺乏说服力，又无任何直接的文物可以印证。

二是夹山说。顺治七至八年，李自成被清军击败，出家于石门夹山寺，法名奉天玉大和尚，卒于1674年（康熙十三年）。李自成归隐夹山寺之说的

夹山寺内"奉天玉大和尚"墓碑。

最早文字记载见于清代乾隆年间的澧州知州何璘的《书李自成传后》："李自成实窜澧州。因旁询故老，闻自成由公安（今湖北公安县）奔澧（今湖南澧县），其下多散亡，至清化驿（今澧县境），随十余骑走牯牛坝（今临澧县境），复弃骑去，独窜石门夹山寺为僧，今其坟尚在云。"《湖南通志》载：何璘，号十樵，宛平举人，乾隆十一年（1746）调澧州知州，因修澧志，周访日闻，得九溪卫教授孙某所告，谓石门夹山寺已故和尚奉天玉即李自成，经过一番实地考察和考证，撰写《书李自成传后》一文，以纠正《明史》李传所记。

那么，到底哪一说靠谱呢？李自成归宿何地300多年来史学界一直存在争议，主要有殉难、禅隐等说法，而李自成逃禅石门夹山一说流传极广。我在夹山寺旅研时就曾亲耳听到一则野史说：清朝初年，即将上任云南同知的张琼伯在赴任途中游访石门夹山寺，与寺中奉天玉方丈谈古论今，大有相见恨晚之遇。几年后，当他又重访夹山寺，可奉天玉方丈已死，再也见不到了。有僧人悄悄告诉张琼伯：奉天玉就是李自成！

李自成曾于1643年称"奉天倡义文武大元帅"，后又称"新顺王"，

故奉天玉隐喻奉天王，留在澧州的义军余部一直没有推举新首领，也是由于李自成还健在的缘故。何璘在考察时还遇到一位服侍过奉天玉和尚、带陕西口音的老和尚。他曾出示奉天玉和尚遗像，颇似《明史》所绘李自成模样。民国初年，著名学者章太炎撰文论证李自成是否在夹山为僧，并亲至夹山访得李自成《梅花百韵》诗五首，其中有"金鞍玉镫马如龙""徐听三公话政猷"等句，显然不是方外人士的口吻与气势。新中国成立后，郭沫若在编撰《中国史稿》时亦未否定李自成禅隐夹山寺一说，他特别叮嘱："李自成的死是有争议的问题，要将来研究再作定论！"

石门夹山寺在 1981 年发掘了奉天玉大和尚墓，瓷坛中的遗骨与李自成身材相似，墓中陪葬物与李自成家乡习俗吻合。还在夹山发现了奉天玉弟子野拂所立"奉天玉"断碑、梅岩杨彝子 1675 年撰写的《重修夹山灵泉禅院功德碑记》和通州王大猷 1850 年撰写的《重修夹山灵泉寺碑志》，都与何璘所述相印证，表明奉天玉和尚即李自成。1981 年秋，考古工作者在与夹山相邻的慈利县发现了野拂大和尚墓，墓碑镌刻，老禅师出身行伍，生于明朝，清初去世，曾"战吴王于桂州，追李闯于澧水"，并精心侍奉过奉天玉和尚。碑文亦旁证了奉天玉就是李自成。据进一步考证，野拂即李自成侄儿李过。1992 年，在夹山寺大雄宝殿左侧山坡边又发现了迷宫似的秘密地下宫殿。其四壁用青砖砌筑，里边有按皇宫布置的寝宫，并发现大量兵器、人骨，地宫出口直通大雄宝殿大佛底座。1994 年 2 月，又发掘出一块铭有"奉天玉诏"四字铜牌。经鉴定，其年代为明末清初，显然是奉天玉和尚之御用品。前些年，还在夹山、澧水流域搜集到"永昌通宝"铜币、刻有"永昌元年"字样的竹制扇骨和铜制熏炉等，"永昌"是李自成在西安建立大顺政权时的年号。更引人注目的是，一个铸有隶书阳文"西安王"字样的铜制马铃，与李自成家乡出土的"自成王"马铃形制、字体和花纹完全相同。此外，奉天玉和尚墓出土的符碑刻有四句四言偈语，与米脂墓葬中的符碑内容相似，而这类符碑在石门其他墓中从未发现。还有一个事实也令人惊奇：临澧蒋家有许多传世文物，包括香炉、酒杯、玉雕等珍贵器具，经鉴定均为明末清初遗物。这些工艺超群、价值连城的宝物集中于夹山这片山区，不能不让人怀疑其来路。据考，蒋家原本姓李，为躲避清军追杀才改姓蒋，现代著名作家丁玲原名蒋冰之、蒋玮，就出生于石门近邻临澧安福乡的一个官宦之家，她曾说过自己就是李自成的后人。据此种种，让不少历史学家认为李自成禅隐石门夹山寺应该是可信的。

是的，夹山"寺古追唐宋"，方能"林深隐帝君"。曾做过大顺皇帝的李自成兵败禅隐夹山，为神灵俊秀的夹山增添了不少传奇色彩。灵泉禅院的侧面，巍然屹立着雄伟壮观的闯王陵，引无数游客前来拜谒。我在"奉天玉大和尚之墓"石碑前沉思并遐想：或许，在特定历史条件下，夹山寺是闯王最后的也是最好的归宿，他既然不能"成者为王"，也不甘心"败者为寇"，虽有心杀贼，但无力回天，最后只好化名"奉天玉"禅隐并圆寂夹山。我想，闯王究竟魂归何处其实已经不重要，重要的是闯王揭竿而起领导的农民起义确实推动了社会历史进程，闯王作为农民领袖在中国历史上已经写下浓重的一笔。所以，无论闯王被杀于九宫山，还是出家在夹山，都有后人为之怀念，为之凭吊，为之珍藏，为之思考。

李自成提出"均田免粮"口号，使中国历史上农民起义水平达到了新的高度，对太平天国洪秀全"有田同耕，有饭同吃，有衣同穿，有钱同使"的思想有着直接影响。李自成由此彪炳千古，备受后世推崇。

次日午后时分，当我准备离开夹山寺返回石门所市乡老家时，恰遇到一位中年和尚正带着几个小和尚上山采药去。我问中年和尚："有道是叶落归根，你还想念老家吗？"中年和尚笑答："那是俗语，我早已皈依佛门，心中只有佛祖，夹山寺就是我今生今世的家……"

湘西凤凰赶场记

　　湘西是个神秘的地方，金庸小说中的蓝凤凰就是苗女，武功和放毒的本领都确实诡异。武侠小说中有名的"放蛊"，也是出自苗族的传说。

　　湘西苗族以远古骧兜部落的仡熊仡夷为主体，融合三苗、盘瓠两个部落中的一部分先民组成。苗族有自己的语言，苗语分三大方言：湘西、黔东和川黔滇。苗族地区以农业为主，以狩猎为辅。苗族的挑花、刺绣、

母亲河沱江从神秘边城凤凰缓缓流过。

织锦、蜡染、剪纸、首饰制作等工艺美术瑰丽多彩，驰名中外。其中，苗族的蜡染工艺已有千年历史。苗族服饰多达130多种，可以同世界上任何一个民族的服饰相媲美。苗族是个能歌善舞的民族，尤以情歌、酒歌享有盛名。

神秘湘西，还有比凤凰更具风情诗意的赶场不可辜负，不可不光顾。装点凤凰旖旎风景的，不仅是青山绿水，不仅是独特风韵，更有这方土地上坚韧、勤劳、淳朴、智慧的人们，还有那充满了生活露水和鲜嫩空气的赶集市场。赶集，凤凰称之为"赶场"。乡亲们说，"来了凤凰不赶一趟集，就不算真正来过凤凰。"凤凰周边有许多古香古色的原始山寨，山江、禾库、腊尔山皆是远近驰名的苗族圩场。不仅附近几个乡镇的乡亲来此赶集，远至花垣、吉首、泸溪、麻阳、贵州松桃、铜仁、四川秀山等地的商贩也不辞长途劳顿来此交易，可谓"山地闻鸡鸣，三省赶一场"啊。那物品之丰富繁多，价格之公道便宜，民族手工艺品之匠心精湛，都在凤凰圩场集市中数一数二，闻名遐迩。

赶场能品味到苗家村寨的市井味道。人生就是一场旅行，走自己的路，过自己的桥，看自己的风景，一切都是最好的安排。苗家村寨自古就有"赶场"的传统，四乡八寨的人穿着民族盛装，汇集到集市上，绚丽多彩、琳琅满目的货品应有尽有，城市里早已没有的市井味道，在湘西古城里都能轻易找到。而在年轻人中，"赶边边场"的机会是他们结识恋爱对象的好时机，把握住机会，向心仪的对象表达爱意。我看到了苗家小伙扯着心仪姑娘的衣角那含情脉脉的眼神……

这天，我来到山江。山江是一个大苗寨，原来"青帕苗王"的寨子，现在是附近苗寨赶场的地方。赶场日，周围寨子里的人，都到这里采购和交换东西，很多人穿民族服饰，拿出自己的手工艺品，很有看头。山江苗寨，位于凤凰古城西北20公里处的一个峡谷之中，是一个具有浓郁苗族生活气息的小山寨，苗语称"叭咕"，意为蛤蟆洞，因寨边山洞蛤蟆甚多，故而得名。这里还曾是湘西最后一位苗王的统治中心，又名总兵营，则源于清朝镇压苗民起义时在此驻兵设过总兵营房。山江苗族为东部方言苗族，旧称红苗，保留着古老的苗家习俗。鲜丽夺目的苗族服饰，情调别致的拦门酒，风格独特的卡鼓、拦路歌、边边场，使我耳目一新，如痴如醉；还有传统的跳月跳花与山歌对唱，又让人心动神摇，叹为观止。想当年，山江苗人为了抵抗朝廷进攻，修建了大量保家楼和防御墙。碉楼和防御墙是构成山江苗寨的两类主要建筑，具有很强的军事防御功能。它雄踞村寨高处，碉楼基座用石块堆积而成，上方夯土，四面都开有窄窗，用于瞭望和射击。与碉楼相呼应的是防御墙，环村而建，高4到5米，墙体上设有瞭望和射击孔，沿着山势蜿蜒直上，并在山顶效仿长城筑起烽火台。寨门作为重要的附属性建筑，大都开设在险要位置。这种碉楼式建筑演变成为当地民居的一大特色，山江镇的街巷新兴建筑也是石墙高耸，壁垒森严，不同程度的沿袭了苗寨的建筑风格。如今这座曾经充满兵匪之患的山寨早已尽享幸福安宁的日子，那些防御用的石墙也只剩下断壁残垣，青苔斑斑，唯有这些起于风云年代的碉楼，到今天依然傲然挺立，向后人讲述着那烽烟际会的悲壮历史。

不必仰望它处，这里皆是风景。一条碧绿清澈的小溪穿镇而过，镇边山峦起伏，石峰削壁。镇口有一小亭，亭前有一坪，坪上碑书"对歌台"三个遒劲大字，这是苗家人"四月八""六月六""赶秋"节日聚会的地方。今天赶集的人不少，宽阔的地盘变狭窄了，走路要小心踩了前面人的脚。

来赶场，最让我眼花缭乱的是苗族服装，最具特色的是苗族女装。出门赶场时苗族女子头上戴着青丝帕，身上穿着滚边绣花无领满襟、滚边绣花裤，头帕和上衣缀满银饰，有银帽、银凤冠、银项圈、银手镯、银戒指、银牙钎、银挂链、银腰带等，雍容华贵，落落大方。山江女装，衣着鲜丽，

伫立凤凰山江古镇境内的古塔下：不必仰望它处，这里皆是风景。

色彩夺目，银饰精美，造型讲究。山江苗镇每月农历逢三便有一小赶集，逢八有一大赶集。赶集这天，十里八乡周围山寨苗族人家便齐齐约好，穿戴上独有的民族服装，背上背篓满怀喜悦，三五成群，前来赶集。

市场喧嚷，充耳苗音，物产充足，琳琅满目，各卖所产，各买所需。整个圩场看过去，就是一个保留着"原始生态"的买卖集市，随处可见零散摊位和流动兜售商品的小商小贩，用苗家人最真实的生活画面，展示给我这名"外来客"看，听不懂苗语也无妨，只要观神态察动作就能猜测到苗家人是在讨价还价还是在掏心叙旧。我也忙着赶场，穿梭在人流中，抢抓好镜头，忙不迭地按动快门。友好的苗族人不会刻意躲开镜头，感觉很友好，很配合。

我特别注意到，大工业时代的机织品并没能取代手工业的"非遗"绣品，这让我坚信了在山江民族传统不会消失！圩场上卖苗家服装的摊位，也有捎带卖广州及石狮时装的，这似乎从另一个角度让人观察到遥远苗寨的与时俱进。在一个空场地上，摆放着各种竹编制品，有竹篮竹筐竹斗笠竹凳子竹篓竹书架，竹的世界在苗民的手中竟然能编织得那样绚丽多彩、妖媚多姿，实在是让人叹为观止……

这儿还有许多卖苗家传统银饰的摊位，他们都说自己卖的是真银，我也就不再去遐想和探究真假银饰的模样和成分了，因为它巧夺天工的造型，让人爱不释手，流连忘返，不买个把带走，岂不是天大的遗憾！对外地游客来说，最感兴趣的还是当地苗族特有的衣物、饰品、生活用品、正宗土特产品和具有浓郁民族风情的工艺品。圩场集市虽说是生意场，却在这里随处可见山里人的淳朴憨厚、虔诚率真。是啊，在外面的世界物欲横流之时，山里人则以实打实的透明报价省略了讨价还价的过程。圩场里有很多卖野山果的小苗妹，果子红红的，像小红桑葚，是拿小杯子量着卖的，五毛一杯，一块钱三杯。看到小妹妹两手小臂上的道道划痕，讲价钱的事就算了吧。

逛饿了，就到饮食摊位去品尝一下以酸为主的苗家菜：酸鱼、酸肉、酸菜、酸粉、酸萝卜、酸丸子、酸菜汤，等等。还有湘西特色菜乾州鸭子、地衣、蕨菜、土匪腊肉、罐罐菌、豆腐合渣，货真量多，味美价廉。当地最出名的酒是黄永玉设计包装的"酒鬼酒"，酒瓶造型甚堪把玩，还有"醉湘西""老乡好"，袋装，很便宜。我买了凉拌兔耳朵，苗家特色菜红辣椒拌"血粑"，再称二两五香煮花生，买上一个山江本地大梨，边走边吃边馋人，这是我赶场的"嘴收获"。狗狗们也来凑赶场的热闹，它们自在逍遥，穿梭于一个又一个架起的摊位下，寻食着心目中的各种美味佳肴，这些不名贵也不娇养的土狗狗们，比起城里的同类伙伴来说，要自由快乐的多啊！

山江圩场赶集，时间虽短，却弥足珍贵。作为一个长期在"外面的世界"

生活的湘西北游子，我庆幸能有这样一个机会近距离接触苗族同胞。

苗族文化与汉族文化一样源远流长，是中华古代文明重要的组成部分。苗族祖先是最先开发中原、最后拓展南方的民族之一，后因民族间征战不断，历经5次大迁徙从黄河流域步步退往大西南，还有的分支抵达东南亚和欧美诸国。至今，国内苗族尚有800多万，海外散居400多万，不管生存在哪里，他们都用勤劳和智慧为创造中华文明增添灿烂篇章。

他们勤劳智慧，并不拥有丰厚的物质财富，甚至在过去还被称为"苗夷匪区"。然而，事实上，这里曾诞生了郑国洪、田兴恕、熊希龄、陈渠珍、沈从文、黄永玉等一干名望大家！立志要如山，行道要如水。不如山，不能坚定；不如水，不能曲达。贫瘠的土地，富庶的理想，一样能产生历史与时代记忆不忘的人。不要仅仅以猎奇的眼光来看待这里的人们和这里的生活，而更应增进对这片土地的深刻理解和完整认识，从千百年传承下来的圩场集市看民生变化，感悟平凡中的不平凡，衷心地祈盼和祈祷这片古老土地上的人们过的一天更比一天好，赶场赶的一场更比一场强，用勤劳的双手去开拓创造，过上更加美满幸福的新生活。

依依惜别，走在古意荡漾的青石板道上，听到刚买了一摞新书的苗民父子的对话——

父亲："沈从文老先生在《湘西题记》里最著名的那句话是咋说的哩？"

儿子："日月交替，因之产生历史；民族兴衰，事在人为。"

悠悠的背篓歌飘远了，赶场的人渐次散去。不能辜负的悠长故事，又岂是古老村寨能完全诉说？湘西的历史，可以追溯到两千多年前，而实际上，这里的故事却远远不止两千多年。山气日夕佳，飞鸟相与还。心中若有桃花源，何处不是水云间？……

跋

文化和旅游，是我喜欢的字眼和工作。2018年3月，在我效力的文化部与国家旅游总局合并组建文化和旅游部后，我更是"人逢喜事精神爽"了。这是因为，在国家文化和旅游两家主管部门尚未合并的几年之前，我经过几番策划努力，就在《中国文化报》上创办"文旅视界"专刊并担任主编了。这个专版上，我组织、撰写、编发了有关文旅方面的言论、专访、新闻报道、专家论剑、旅游图片、域外追踪等大量图文，真真切切、扎扎实实为文旅融合"鼓与呼"了一把！很长时间过去了，我不用去查报纸，许多亲手编发的稿件依然记忆犹新，信手拈来：《让绿水青山变为金山银山》《伫立白洋淀眺望雄安新区旅游美景》《在这片充满盎然生机的古运河大地上》《猴年春节，又逛平遥》《开启"仙境海岸"全域旅游新格局》《去看看安徒生和"美人鱼"》《文化旅游深度融合跨进新时代实现新作为》等等，这个专刊引起有关方面的持续关注和广大读者的点赞好评，无疑就是对我与同仁"辛勤耕耘"与"丰硕收获"的首肯了。几年下来，办刊体会最深刻的就是：文旅融合要点是文化要融入旅游，在文化发展过程中发挥旅游作用；旅游要融入文化，提升旅游品质促进旅游文明。

人们常说：不登山，不知山高；不涉水，不晓水深；不赏奇景，怎知其多娇美妙！读万卷书，还须行万里路，不攀登，又怎么去体会杜甫"会当凌绝顶，一览众山小"的磅礴诗意？怀揣文化底蕴，策马旅游观光，领略海内外山山水水，感受每一处风土人情，不仅陶冶情操，增长见闻，还能修身养性，解悟释惑。这不正是"离家三里远，别是一乡风"吗！还有"驴友"如是说：驻足山中，才会感受到鲁迅"躲进小楼成一统，管他春夏与秋冬"的奥秘；跋山涉水，才能体会到李白"五岳寻仙不辞迈，一生好入名山游"的追求。是的，一旦大自然壮丽风景占据思想和视野，就会使人顿感生活亮丽新鲜，它是那么美好，那样充满阳光。

文旅融合已是一个潮流，形成了一种"势"，我在趁"势"而为。本书里的篇什，就是我近年来的旅游散记拾萃。站在人生旅途回望，重新翻阅浏览自己已出版的十几本著作，蓦然发现，文旅著作竟占到一半以上：《澳洲见闻录》（1995 年山西人民出版社），《香港我的 1997》（1997 年解放军文艺出版社），《澳门我的 1999》（1999 年解放军文艺出版社），《悉尼 2000》（2000 年作家出版社），《美国之痒》（2006 年书海出版社），《袋鼠家园》（2007 年希望出版社），《映像美利坚》（2010 年书海出版社）。努力不一定成功，放弃一定是失败，这就很有分量地表明，我之于文旅方面的散文创作，是有着漫长岁月的拓展与实践的，有的路，必须一个人走，这不是孤独，而是选择！文旅抒怀，君且随意，比起眼界，我有时更在意的是心界，把心打开，去容纳更多人的更多信念。大好河山看多了，眼界会有"审美疲劳"的时候，但是心界可以各有千秋，纵横捭阖，没有比脚更长的路，没有比人更高的山，可任我用来竭力探索践行"文化是旅游的灵魂，旅游是文化的平台"，奋力寻觅攀登"诗与远方"的深邃意境，并用文字把它记录在案，出版于市，捧给读者，那正是：

所有回不去的良辰美景，都是举世无双的好时光啊！

游一道风景，寻一处特色；见一处特色，悟一片心得。有道是，旅游的动机是多元的，但文化才是旅游的核心与灵魂。旅游是一种文化行走，是一种调节，旅游是视野的拓展、知识的寻觅、生命的追求。古时候有游方的和尚，有行吟的诗人，读万卷书行万里路，是一种真理与抱负的不懈寻觅。曾与"驴友"笑谈：唐玄奘西天取经那是文化旅游，徐霞客搞的应该叫科学旅游，隋炀帝下江南应是休闲旅游，郑和下西洋则是真正意义上的探险旅游，等等，不一而足。而我在 1990 年就进行过"环澳旅游"，2001 年走过"环美旅游"，2014 年以来多次参加"美丽中国行"旅游，在新冠肺炎大爆发前的 2019 年，还参加过"沿着高铁游贵州"避暑采风行和"我和我的祖国"红色旅游媒体采风（陕西）行。2020 年 5 月，当中国新冠肺炎疫情防控工作已从应急状态转为常态化的新形势下，我又戴着口罩立马参加了"一城山水，自在生活"走进江苏常熟虞山文化旅游度假区媒体采风行活动。文旅之于我，已经不仅仅是"去不一样的地方，然后带着不一样的自己回来"，它已经和我的生命与创作密不可分。旅行的好处不在其他，而在于自己的身体和心灵，务必要"走"在旅行的路上！

必须把必须走的路走好，才可以走想走的路。有些路不走下去，就不知道那边的风景有多美丽。

旅游是经济性很强的文化事业，又是文化性很强的经济事业，旅游具有经济和文化的双重属性。观照时代现实，回应热点主题。当此中国文旅产业走向辉煌的历史节点，承蒙出版社与编辑的厚爱，热诚鼎力向读者推出我的这本文旅新著，这对于文化和旅游融合发展，满足人民日益增长的对美好生活的需求，都是一个神圣担当与有力促进！我的深切感恩与真挚感谢，无须用语言表达，只能是在"宜融则融，能融尽融，以文促旅，以旅彰文"的新创作中，抒写出更多更好的文旅篇章，进一步深化提高文旅"幸福产业"的社会辨识度和民众认同感，为完成新时代"中国梦"背景下文旅业所肩负的高质量发展的伟大历史使命，做出自己新的更有价值的奉献！

时间顺流而下，生活逆水行舟。

是为跋。

2020 年 12 月特殊庚子年急就于北京太阳宫龙坪居书斋